동아시아의
아름다운 스승,
공자

동아시아의 아름다운 스승, 공자

아시아의 미 10

초판 1쇄 인쇄 2019년 9월 5일
초판 1쇄 발행 2019년 9월 10일

지은이   송희경
펴낸이   이영선
책임편집   강영선

편집   강영선 김선정 김문정 김종훈 이민재 김연수 이현정
디자인   김회량 정경아
독자본부   김일신 김진규 정혜영 박정래 손미경 김동욱

펴낸곳 서해문집 | 출판등록 1989년 3월 16일(제406-2005-000047호)
주소 경기도 파주시 광인사길 217(파주출판도시)
전화 (031)955-7470 | 팩스 (031)955-7469
홈페이지 www.booksea.co.kr | 이메일 shmj21@hanmail.net

ISBN 978-89-7483-995-6 04080
ISBN 978-89-7483-667-2 (세트)

이 도서의 국립중앙도서관 출판예정도서목록(CIP)은 서지정보유통지원시스템
홈페이지(http://seoji.nl.go.kr)와 국가자료공동목록시스템(http://www.nl.go.kr/
kolisnet)에서 이용하실 수 있습니다.(CIP제어번호: CIP2019030598)

《아시아의 미Asian beauty》는 아모레퍼시픽재단의 지원으로 출간합니다.

아시아의 미
Asian beauty 10

동아시아의
아름다운 스승,
공자

송희경
지음

서해문집

성현의 삶에서
발견되는 내면의 미

prologue ———————————————————————————

내면의 미를 표현한 인물화

아름다움을 추구하는 것은 인간이 가진 본능의 하나일 것이다. 물론 아름다움이 생사와 직결된 문제는 아니다. 그러나 인간은 언제나 아름다움을 욕망하고 이를 이루기 위해 애써왔다. 따라서 아름다움을 눈으로 보고 표현하려는 마음은 인류의 역사와 이에 따른 미감의 변화를 반영한다. 아름다움에 대한 열망이 인간의 삶과 언제나 동행하기 때문이다.

그렇다면 아름다움이란 무엇일까? 이 세상에 절대미란 존재할까? 아름다움을 규정하는 잣대는 변하지 않는가? 누구나 아름다울 수 있는가? 이렇듯 아름다움의 정의, 기준, 범주, 대상에 관한 질문은 끊임없이 제기돼왔지만, 그 해답은 쉽게 구하기 힘들다. 아름다움을 추구하는 마음은 인간의 본성이지만 아름다움,

즉 '미(美, beauty)'를 규정하는 척도는 시대, 지역, 인종에 따라 다르기 때문이다. 따라서 한없이 주관적일 것 같은 아름다움의 판단 기준은 한 집단 안에서 통용되는 객관적 규범으로 정의되거나 평가받는다. 아름다움이 사회문화적 권력을 형성하는 요인이 되는 이유다.

예를 들어 '아름다운 사람'이라고 하면, 생김새나 꾸밈새로 드러나는 외면의 미와 성격, 태도, 표정 등에서 느껴지는 내면의 미로 구분하여 평가한다. 특히 내면의 미는 오랜 기간 서서히 숙성된 음식처럼 자신만의 삶과 공간을 사랑해온 고유한 진정성에서 비롯된 아름다움이다. 꾸밈없음에서 우러나는 남다른 오라와 감동이 내적 아름다움의 근원인 것이다. 그리하여 외면의 미는 시시각각 달라지는 반면, 내면의 미는 시간성과 무관하게 판단의 기준과 가치가 어느 정도 견고하다.

시대를 막론하고 내면의 아름다움을 간직한 사람은 언제나 존경과 흠모의 대상이 돼왔다. 아름다운 사람의 삶과 행동은 꾸준히 기억됐고, 많은 이에게 감동과 깨우침을 선사했다. 그들의 남다른 일화는 올바른 교훈과 가르침의 지침이 되어 시각물의 훌륭한 소재로 선택됐다. 이러한 그림을 고사인물화(故事人物畵)라고 한다. 고사인물화란 내면이 아름다운 사람의 이야기, 즉 고사를 소재로 하여 인간의 감정, 사상, 사건의 '서술적' 장면을 표현한 그림이다.

고사인물화의 소재는 크게 두 종류로 나뉜다. 하나는 역사적 인물의 행적이다. 높은 덕을 쌓아 존경받아온 성현(聖賢)이나 당대에 공헌한 명사의 생활상이 이 범주에 속한다. 다른 하나는 주로 문학 작품이나 고전, 경서에 등장하는 주인공이다. 가공된 인물의 독특한 행동이 하나의 이야기로 유형화되어 고사인물화의 소재가 됐다.

고사인물화의 가장 큰 특징은 내면의 아름다움을 간직한 사람의 이야기를 '서술적'으로 도해한다는 점에 있다. 미술사학자 존 헤이(John Hay) 교수는 서술, 즉 내러티브를 도덕적 서술(moral narrative), 문학적 서술(literary narrative), 풍속적 서술(genre narrative)로 분류했다. 그리고 도덕적 서술은 교훈적 목표를, 문학적 서술은 시적 상징물을, 풍속적 서술은 일상생활의 소소한 사건을 시각적으로 기록한다고 부언했다. 즉 도덕적 서술은 교화를 목적으로 한 재현을, 문학적 서술은 표현적 이미지를, 풍속적 서술은 사건의 일상성을 시각화하는 데 주력한다는 것이다.

이러한 서술을 회화로 재현한 고사인물화는 한국, 중국, 일본 등 동아시아에서 꾸준히 만들어졌다. 특히 유교적 이상 국가 건설을 표방한 조선은 새로운 정치적, 사회적 질서를 수립하고 행동 규범을 제시하고자 본받을 만한 인물의 고사도를 적극 감상했다. 존경하는 성현은 왕실을 비롯한 문인사대부의 이상(理想)이자 롤 모델이었고, 그들이 철칙처럼 섬겨온 도통(道統)과 이학(理學)의 또 다른 표상이었다. 이것이 어느 갈래의 그림보다 고사인물화가 조선의 '중심'에 위치하는 '주류적 회화'일 수 있었던 이유다. 조선의 선비는 고사(高士)를 흠모하여 그들의 생활 태도나 사고방식에서 묘한 카타르시스를 느끼고 인생사의 해법을 찾았다. 고사를 단순히 중국인으로만 여기지 않고, 삶의 지혜와 학문적 깨우침을 선사하는 참된 스승이자 성현으로 여기며 자신과 동일시했다. 그리하여 고사인물화는 동아시아 지식인의 고사를 동경하는 마음과 가치관 그리고 그들이 추구하는 내면의 아름다움이 내재된 회화 장르가 됐다.

아름다운 사람, 공자

한국, 중국, 일본의 지식인이 오랜 시간 존경해온 대표적 성현이 있다. 바로 공자(孔子, 기원전 551~기원전 479)다. 널리 알려졌듯이 공자는 기원전 5~6세기경 활동했던 인물이다. 유학(儒學)이라는 학문을 창시한 학자이자, 사람과 사람 사이에 얽힌 문제와 인간 사회의 순리를 해결하고자 노력한 철학자다. 그리고 분명 그는 노(魯)나라에서 출생한 중국인이다. 그러나 전 세계의 지식인은 그를 동아시아의 위대한 성현이라고 생각한다.

공자는 출생이 미천했다. 생김새도 이상했다. 가끔 엉뚱한 말과 행동을 일삼았다. 사회적 지위도 높지 않았다. 늘 떠돌아다녔고 사람들의 미움을 받았다. 그런데도 세계는 수천 년 동안 공자에 열광해왔다. 왜 그토록 공자를 좋아하는 것일까? 이 책은 이러한 물음에서 시작됐다. 출생도 예사롭지 않고 삶도 파란만장하여 한곳에 정착하지 못했지만, 그는 어찌 보면 매우 강인하고 한편으로는 나약한 보통 사람이었다. 그런 공자의 독특한 삶과 일화가 감동을 선사했고, 시각물의 소재가 됐다. 게다가 공자는 다른 종교의 절대자처럼 보통 사람과 다른 신체적 특징을 갖추고 있었다. 차림새가 화려하지는 않았지만 조형물마다 그의 복식은 달리 표현되어 사회적 신분을 드러냈다.

공자가 간직한 아름다움의 근원이 궁금했다. 공자는 중국의 전설적 성군인 제요(帝堯), 제순(帝舜)과 이상적 정치가인 주공(周公, ?~기원전 1032)을 매우 흠모했다. 그들의 인생에서 올바른 지도자의 전형을 발견했기 때문이다. 또 공자에게 직접 가르침을 받은 제자와 그들의 학문을 추종한 유학자는 남다른 행보를 이어 나갔다. 공자가 존경하고, 또 공자를 따랐던 인물은 공통의 성향을 가지고 있다. 언제나 자신의 본분을 잊지 않고 자기가 세운 도덕적 기준에 따라 본래의 임무를 다하되, 주변을 살피며 좀 더

나은 상태로 나아가고자 노력했다는 점이다. 이것이 결국 성현이 간직한 내면의 아름다움이 아닐까.

아름다움이라는 단어는 '아름'과 '다움'으로 구성된다. '아름'이 내 기준으로 파악되는 규범이라면, '다움'은 내가 나답게 사는 일이다. 결국 공자의 어록인《논어(論語)》에 기록됐듯이 "군주는 군주답고, 신하는 신하답고, 아비는 아비답고, 자식은 자식다운" 것이 아름다움의 정의다. 맡은 일을 다 하는 것 그리고 사람들이 모여 올바른 사회를 구성하는 것이 아름다움의 본질이다. 끊임없이 나를 성찰하는 자세가 내면의 아름다움을 가꾸는 방법이다.

I

아름다운 사람,
공자와
그의 일생

공자의
일생

절대자나 성현의 일화는 종교화나 관련 시각물의 가장 좋은 소재일 것이다. 불교에서는 석가모니의 일생과 전생을 표현한 불전도와 본생도를 제작하여 부처의 가르침과 교리를 시각적으로 전달하고자 했고, 기독교에서는 예수의 일생을 그림과 장식물로 표현해 성전을 꾸몄다. 유학의 창시자라고 일컬어지는 공자도 예외는 아니다. 동아시아인의 정신적 지주이자 영원한 스승인 그는 지금도 존경받는 철학자이자, 정치가이며, 교육자다. 그의 굴곡진 삶과 남다른 일화가 많은 사람에게 감동을 준 까닭이다.

공자의 일생을 기록한 경전은 매우 다양하다. 공자의 어록이자 사서(四書)의 하나인 《논어(論語)》는 그의 일생을 가늠할 수 있는 좋은 텍스트다. 전한(前漢)시대의 위대한 역사가인 사마천(司馬遷, 기원전 145~기원전 86)이 《사기(史記)》에 수록한 〈공자세가(孔子世家)〉도 이른 시기에 편찬된 공자전(孔子傳)이다. 두 경전 모두 공자와 그 제자 사이의 문답을 토대로 하여 공자의 말씀이나 행적을 간결하고 함축적으로 기재하고 있다.

〈공자세가〉와 《논어》를 중심으로 공자의 일생을 정리해보자. 원래 공자의 조상은 송(宋)나라의 귀족이었다. 특히 공자의 선조인 공부가(孔父嘉)는 송나라의 대부였다. 그러나 공씨 가문이 화를 입어 선조가 죽임을 당하면서 집안이 서서히 몰락했다. 그리하여 공부가의 아들인 목금부(木金父)는 목숨을 지키기 위해 노나라 수도인 창평향(昌平鄕) 추읍(陬邑), 지금의 산동성 곡부(曲阜)로 도망을 와서 삶의 터전을 조심스럽게 일구었다. 이러한 상황에서 공자는 하급 귀족인 아버지 숙량흘(叔梁紇)과 무녀인 어머니 안징재(顏徵在) 사이에서 태어났다. 숙량흘은 높은 벼슬에 오르지는 못했지만 체구가 크고 힘이 좋은 용감무쌍한 무사였다. 본처에게서 아홉 명의 딸을, 첩에게서 한 명의 아들을 두었으나, 이 아들이 제대로 걷지 못하는 장애아였다고 한다.

그리하여 숙량흘은 60세가 넘은 나이에 10대에 불과한 안징재를 부인으로 맞았다. 제사를 물려줄 건강한 아들이 필요했기 때문이다. 이구산에 살던 안씨에게 딸이 세 명 있어 숙량흘이 그중 하나를 아내로 맞으려 하자, 막내딸인 안징재가 스스로 나섰다. 이렇듯 공자의 아버지와 어머니는 정상적 혼인 관계를 맺지 못했다. 사마천은 공자의 탄생을 '야합(野合)'이라 칭하며 공자가 비공식적으로 태어난 사생아임을 암암리에 드러냈다. 공자의 파란만장한 삶은 이렇게 출생에서부터 예고됐다.

공자는 기원전 551년 노나라에서 태어났다. 이름은 구(丘), 자는 중니(仲尼)다. 태어났을 때 정수리 가운데가 움푹 꺼져 있어 이름을 구라 했고, 둘째 아들을 뜻하는 '중'을 써서 자를 중니라 했다. 공자가 3세 되던 해에 아버지 숙량흘이 세상을 떠났다. 그런데 공자는 아버지의 무덤이 어디에 있는지 몰랐다. 어머니가 아버지의 존재를 처음부터 숨겼기 때문이다. 17세 때 어머니가 돌아가시자 길거리에 빈소를 차렸다가 이를 본 어떤 여인이 아버지의 무덤이 방산에 있음을 알려주어 비로소 어머니를 아버지 묘에 합장할 수 있었다.

공자의 어린 시절은 가난하고 불우했다. 하지만 그의 어머니는 아들이 희망을 잃지 않도록 용기를 주었고, 공자가 15세에 학문의 뜻을 세울 수 있도록 진심으로 도왔다. 공자는 19세에 혼인하여 20세부터 계(季)씨 가문 창고지기와 가축 사육을 하거나 노나라의 관리직을 맡았지만 근무 기간이 그리 길지 못했다. 그럼에도 주나라의 관제와 예법을 꾸준히 공부한 결과, '예(禮)'에 통달한 각별한 전문가로 유명해지기 시작했다.

30대에 접어든 공자는 일생일대의 중요한 경험을 했다. 노자(老子)를 만나 예에 관한 문답을 나눈 것이다. 공자의 제자인 남궁경숙(南宮敬叔)은 노나라 군주에게 공자를 모시고 주나라에 다녀올 수 있게 배려해주기를 간청했고, 노나라 군주는 수레 한 대와 말 두 마리, 어린 시종 한 명을 주며 그들의 노정을 허락했다. 30대 중반의 젊은 공자가 70대의 노자를 만나고자 한 것은 노자가 장서실의 담당 관리인 주하사(柱下史)를 역임하여 주나라의 예와 법도를 잘 알았기 때문이다. 주나라를 가장 이상적인 국가라고 여긴 공자는 노자를 통해 주나라의 모든 것을 배우고 싶어 했다. 이렇듯 공자는 노자를 만나 평생 잊지 못할 귀한 경험을 하면서 훗날 펼칠 정치와 교육의 큰 그림을 그리게 됐다.

기원전 517년 노나라에서 내란이 일어났다. 25대 군주인 소공(昭公, 기원전 560~기원전 510)이 제나라로 망명하자 공자도 제나라로 떠났다가 2년 뒤 귀국했다. 제나라의 26대 후작 경공(景公, ?~기원전 490)이 공자에게 정치를 묻자, 공자는 "군주는 군주답고, 신하는 신하답고, 아비는 아비답고, 자식은 자식다워야 합니다"라고 답했다. 다른 날 또 정치를 묻자 "정치는 재물을 절약하는데 있습니다"라고 답했다. 경공이 기뻐서 장차 이계(尼谿) 땅에 공자를 봉하려고 하자, 재상 안영(晏嬰, 기원전 578~기원전 500)이 반대했다. 공자가 주창하는 법도가 너무 번거롭고 어려워서 백성을 혼란스럽게 할 것이라는 주장이었다. 실제로 보수주의자였던 공자는 500년 전 시행된 예법을 내세웠다. 결국 경공은 재상 안영의 건의를 받아들여 공자를 등용하지 않았다. 그러나 공자는 자신을 내친 안영을 높이 평가했다. 안영은 제나라의 영공, 장공, 경공의 3대 지도자를 40여 년간 모시며 환공 이후 제2의 전성기를 연 영웅이었고, 직언을 올리며 지조와 신의를 버리지 않은 명재상이었기 때문이다.

다시 노나라로 돌아온 공자는 벼슬을 포기하고 본격적으로 시(詩), 서(書), 예(禮), 악(樂)을 공부하며 제자를 가르치기 시작했다. 그러다가 51세 때 처음으로 관직을 맡게 됐다. 노나라의 26대 군주인 정공(定公, 기원전 556~기원전 495)이 공자를 시장에 해당하는 중도재(中都宰)에 임명한 것이다. 이후 공자는 54세에 토목 공사를 담당하는 사공(司空)이 됐고, 56세에 법무장관 격의 재상인 대사구(大司寇)와 최고 재판관 및 외교관도 겸하게 됐다. 뛰어난 관료로서의 면모를 보여준 시기다.

공자는 뛰어난 지략으로 전쟁 없이 제나라의 경공과 협상하여 노나라가 잃었던 옛 땅을 되찾는가 하면, 당시의 세도가인 삼환(三桓), 즉 계손(季孫), 숙손(叔孫), 맹손(孟孫) 가문의 횡포를 꺾기 위해 그들의 요새인 삼성(三城)을 허물고자 하기도 했다. 또 방자하게 권세를 휘두르는 계손사(季孫斯, ?~기원전 492)를 타도하여 국정을 쇄신하고자 여러 일을 도모하기도 했다. 그러나 이러한 계획은 삼환을 이끄는 계손사의 저항으로 중단되고 말았다.

결국 공자는 삼환이 횡포를 부리는 노나라에 실망을 느껴 관직에서 물러났고, 수십 명의 수행 제자와 함께 노나라를 떠났다. 자신의 정치적 이상을 이해해줄 어질고 현명한 군주를 찾아 기약 없는 여행을 시작한 것이다. 사실 공자가 돌아다닌 나라는 위(衛), 진(陳), 조(曹), 송(宋), 정(鄭), 채(蔡), 초(楚) 등 현재 하남성과 산동성에 위치한 일곱 국가 정도다. 그는 10여 년 동안 여러 나라를 주유하면서 외롭고 고달픈 시간을 보내야 했다. 생명에 위협을 느꼈고, 여행에서 만난 은둔자에게 수모와 조롱을 받았다. 그러나 공자는 견디기 어려운 떠돌이 생활에서 도를 깨우치고 학문을 강구하고자 노력했다. 그 결과 자신만의 사고를 완벽하게 구축해 훗날 '유학'이라 명명되는 사상 체계의 기본 틀을 마련했다. 불안정한 노마드(nomade)는 깊은 사유와 강한 근성을 길러 준다.

공자는 68세에 노나라의 대부 계강자(季康子, ?~기원전 468)의 초청으로 노나라로 돌아왔다. 당시 실권자였던 계환자(季桓子, ?~기원전 492)가 공자에게 국정을 맡기라는 유언을 남기고 세상을 떠났기 때문이다. 노나라를 떠난 지 10여 년 만이지만, 후계자 계강자는 공자의 제자 중에서 이재에 밝은 염유를 불러 실무를 맡겼고, 정작 공자에게는 자문만 구했다. 결국 공자는 버슬을 포기하고 책을 찬술하거나 제자를 가르치는 데 몰두했다. 그가 주요 교재로 삼고 재정리한 서적은 《시경(詩經)》,《서경(書經)》,《예기(禮記)》,《악기(樂記)》,《역경(易經)》,《춘추(春秋)》로, 이른바 육경(六經)이라 불리는 유학의 기본 경전이다. 중국의 사상, 문화, 철학이 집대성된 이 경전들은 2000년 이상 중국뿐 아니라 동아시아에 큰 영향을 미치는 유학 교재로 활용된다.

공자는 살아생전 3000명에 달하는 제자를 키워냈다. 특히 육경에 통달한 제자 70명은 '칠십자(七十子)'라고도 명명됐다. 공자는 제자와 문답을 나누면서 평소 생각을 솔직하게 털어놓았다. 공자가 간직한 내면의 아름다움을 확인할 수 있는 부분이다. 어느 날 제자 자장(子張, ?~기원전 503)이 길을 떠나면서 공자에게 가장 아름다운 수양 방법을 알려달라고 청했다. 공자는 "모든 행실의 근본은 참는 것이 그 으뜸이니라(百行之本 忍之爲上)" 하고 대답했다. 자장은 어떻게 하는 것이 참는 것인지 다시 물었다. 공자는 이렇게 대답했다.

천자가 참으면 나라에 해가 없을 것이요, 제후가 참으면 땅이 커질 것이요, 벼슬아치가 참으면 그 지위가 올라갈 것이요, 형제가 참으면 집안이 부귀할 것이요, 부부가 참으면 일생을 함께할 것이요, 벗끼리 참으면 서로 명예를 잃지 않을 것이요, 자신이 참으면 재앙이나 해가 없을 것이다.

이는 《명심보감(明心寶鑑)》, 〈계성편(戒性篇)〉에 실린 공자와 자장의 대화다. 참음을 뜻하는 '인(忍)'은 섬뜩한 글자다. 심장(心)에 칼(刀)이 꽂힌 형상이기 때문이다. 칼로 심장이 찔리는 아픔과 고통을 견뎌내는 과정이 바로 참음이다. 그럼에도 공자는 참아야 한다고 조언했다. 아니, 모든 행동의 근본이라고 강조했다. 안영이 자신을 내쳤어도, 삼환의 횡포로 노나라를 떠나 주유열국(周遊列國)을 할 때에도, 계강자가 제자 염유에게만 실무를 맡기고 자신에게는 자문만 구했어도 그는 이 상황을 담담하게 받아들였다. 믿었던 사람의 배신을 묵묵히 참아냈다. 그리고 인간에 대해 끊임없이 생각했다. 이런 일을 겪어보지 않은 사람은 그가 참아낸 인고의 시간을 짐작조차 할 수 없다. 성인은 아무나 도달할 수 있는 경지가 아니다.

공자는 기원전 479년 73세에 병이 들어 제자들 앞에서 숨을 거두었다. 그의 시신은 노나라 북쪽 사수(泗水) 강변에 묻혔다. 제자들은 3년 동안 상복을 입고 스승을 추모했다. 자공(子貢, 기원전 520~기원전 456)은 홀로 무덤가에 여막을 짓고 3년 동안 머물렀다. 공자 묘소 밑에서 집을 짓고 살았던 제자와 노나라 사람이 100여 명이나 됐다. 이 과정에서 '공리(孔里, 공자 마을)'가 형성됐다. 새해가 되면 노나라의 선비는 공자 무덤 앞에서 제사를 드렸고, 향대부(鄉大夫)가 나라 안의 어진 사람을 대접하는 향음주(鄉

飮酒)를 행하며 공자를 기렸다. 공자가 세상을 떠난 후 그의 제자
는 스승이 남긴 말씀을 모아서 《논어》라는 책을 저술했다. 그리
고 사마천은 다음과 같은 추도문을 남겼다.

천하에는 군왕에서 어진 사람에 이르기까지 많은 사람이 있지만 모
두 살아 있을 때는 영예로웠으나 죽으면 끝이다. 그러나 공자는 벼
슬을 하지 않았지만 여남은 세대를 전해 내려오면서도 학자들이 그
를 받들었다. 천자와 왕후로부터 중원의 각 나라 중에 육예를 말하
는 자는 모두 공자에게서 절충을 찾으니, 진실로 공자는 지극한 성
인이다.[1]

이렇듯 공자는 제자뿐 아니라 후배 유학자에게 강한 영향력
을 끼치며 파란만장한 생을 마감했다.

공자의 생김새와
복식

공자 이야기는 몇천 년에 걸쳐 수많은 사람에게 공유됐다. 공자의 일화만큼 유학자가 관심을 가진 것이 또 있으니, 그의 남다른 외모다. 그는 태어나면서부터 일반인과 다른 특이한 생김새를 지니고 있었다고 한다. 한(漢) 대의 문헌에 전해지는 공자의 외모는 다음과 같다.

공자는 키가 10척이다. 큰 입과 짱구 머리에 정사각형 얼굴이다. 오른쪽 이마 가운데가 반달형이고 매부리코에 움푹 들어간 눈과 툭 튀어나온 이마를 가지고 있다. 앞으로 불거진 입술과 삐죽하게 솟은 얼굴에 가지런한 턱과 정골(整骨)로 된 목구멍을 하고 있다. 툭 튀어나온 앞니와 용의 얼굴 생김에 새우등을 하고 호랑이 손바닥을 하고 있다. 딱딱한 겨드랑이와 긴 팔꿈치에 세 배의 가슴과 움푹 파인 정수리가 있다. 산처럼 솟은 배꼽과 혹이 달린 등에 날개 달린 팔꿈치와 움푹 들어간 머리 모양이다. 또한 볼록 나온 배에 두드러진 눈썹이 있다. 땅에서는 발바닥의 장심으로 중심 잡고, 우레 소리가 볼록 나온 배에서 울린다.

상체는 길고 하체는 짧으며 등골이 구부러져서 뒤에 귀가 달렸다. 얼굴은 몽기(夢供), 즉 방상시 탈과 같으며 손이 축 늘어진 것은 무릎 밑까지 내려오고, 귀는 머리로부터 늘어져 있다. 눈썹은 열두 가지 색깔이고 눈에는 예순네 가닥의 심줄이 있다. 서 있으면 봉황이 서 있는 듯하고 누워 있으면 용이 웅크리고 있는 것 같다. 그는 손으로 천문을 파악하고 다리로 눈금을 매긴다. 그를 바라보면 나무처럼 보이고, 그에게 다가가면 되 모양처럼 보인다. 바라보는 것은 뭔가를 경영하려는 듯하고, 온 세상을 직접 밟고 다닌다. 상대에게 겸손하며 사양하는데, 허리둘레가 보통 사람의 10아름이다. 가슴은 직각자 혹은 ㄱ자 모양의 자에 호응하고 혀의 심줄은 일곱 겹으로 되어 있다. 균(鈞)이라는 글자가 손바닥에 있다. 가슴에는 춘추를 만들어서 세상을 안정시킬 운명이라고 적혀 있다.[2]

이 글에 묘사된 공자는 평범한 사람이라고 하기 어려울 정도로 기괴하고 이상하다. 10척(3미터가량)이나 되는 큰 체구는 아버지 숙량흘을 닮은 것으로 추정된다. 이 예사롭지 않은 모습에 더해 "손으로 천문을 파악하고 다리로 눈금을 매기는" 신통력까지 지녔으니 전지전능한 신이나 다름없는 존재다. 기이한 공자의 외모는 후대에까지 계속 회자됐다. 특히 공자의 46대손인 공종한(孔宗翰)은 공씨 족보인《가보(家譜)》(1085)에 공자의 신체적 특징을 49가지로 정리한 49표를 만들어 실었다. 이것이 이후 공자의 표상이 됐다. 그리고 이 표는 공원조(孔元措, 1182~1251)가 편찬한《공씨조정광기(孔氏祖庭廣記)》(1242)와 명 대에 출간된《궐리지(闕里誌)》(1505)에 재수록됐다. 특히 송 대의 민간에서는 공종한의 49표를 토대로 한 '칠루(七陋)'가 유행했다. 칠루는 '칠규지루(七竅之陋)'의 준말로, 얼굴에 일곱 개의 구멍이 추하게 드러난 상태를 뜻한다. 즉 드러난 콧구멍(鼻露孔), 흰자가 드러난 눈(眼露白), 치아가 드러난 입(脣露齒), 정수리가 움푹 파인 머리(頭圩頂), 귓등이 드러난 귀(耳重肩), 무릎 밑까지 내려오는 손(手過膝), 불균등한 신체(身材不勻)를 말한다.

이러한 공자의 독특한 외모를 보면 불교의 창시자인 석가모니의 32상(三十二相), 80종호(八十種好)가 연상된다. 이는 '깨달은 자(Buddha)'가 지닌 인간과 다른 서른두 가지 모습, 여든 가지 특징을 말한다. 불제자는 득도한 석가모니가 인간과 다른 모습을 지녔다고 믿었다. 세속에 머무는 평범한 사람은 감히 도달할 수 없는 경지에 오른 특별한 존재였기 때문이다. 마찬가지로 공자의 추종자는 공자의 예사롭지 않은 외모에서 그가 지닌 덕과 인품을 찾아내려 했다. 공종한의 조카인 공전(孔傳, ?~1134)은《가보》를 인용해《동가잡기(東家雜記)》를 편찬하면서 '소영찬(小影贊)'을 기록했다. 소영찬은 11세기 후반 공자학을 공부한 윤복진(尹復臻)이 지었다. 그 내용은 다음과 같다.

공자의 상은 누가 처음으로 전했을까?

그 집에서 얻은 지가 2000년이로구나.

성인(聖人)의 용색(容色)을 우러르고

고인(古人)의 의관(衣冠)을 바라보네.

온화하면서도 엄숙하고, 위엄이 있으면서도 사납지 않고,

공손하면서도 편안했다.

만약 무릇 그 도(道)가 신과 같고 그 덕이 하늘과 같아,

백성이 생긴 이래 공자만 한 이가 없으니,

무엇이라 이름할 수 없는 것이다.[3]

윤복진은《논어》〈술이(述而)〉의 구절을 인용하면서 공자의 외모와 인품을 칭송했다. 얼핏 글로만 보면 무서울 것 같은 용모인데, 그는 온화하고 엄숙하며 사납지 않다고 거듭 강조했다. 심지어 공자의 인상이 공손하고 편안해 보인다고까지 부언했다.

독특한 외모를 지닌 공자는 어떤 의관을 갖추었을까? 지금까

지 전해지는 조각, 그림 등에 표현된 공자는 여러 종류의 옷과 모자를 썼다. 우선 포의(布衣)를 입은 일상복 차림이다. 이는 관직과 무관한 은일처사(隱逸處士)나 학자의 모습이므로 제자와 동행하거나 강학을 할 때의 복장이다.《예기》〈유행(儒行)〉에는 노나라의 애공과 공자가 입은 옷에 대해 문답을 하는 내용이 기록되어 있다. 애공은 공자에게 "선생의 옷은 유복(儒服)입니까?"라고 물었고, 공자는 "어릴 적 노나라에 살 때 봉액(逢掖)을 입었고, 장성하여 송나라에 있을 적에는 장보관(章甫冠)을 썼습니다"라고 대답했다. 봉액이란 옆이 넓게 트이고 소맷자락이 큰 도포의 한 종류다. 장보관은 유자가 많이 착용하던 관이며, 치포관(緇布冠)의 별칭으로도 알려졌다. 특히 장보관은 공서화가 "너희를 알아주는 사람이 있으면 어떻게 하겠느냐?"라는 공자의 질문에 "종묘(宗廟)의 일과 제후의 회동에 현단복(玄端服)과 장보관 차림으로 집례를 돕는 일을 하고 싶습니다"라고 응한 대답에도 인용돼 있다.

공자가 은일처사로 표현된 대표적 작품은 〈공자 좌상〉(그림 1-1)이다. 음각의 목판 판화본으로 추정되는 이 작품은 공자가 호젓하고 아늑한 야외에 앉아 있는 모습이다. 우선 공자는 심의(深衣)를 입고 건을 썼으며, 손을 가지런히 모은 채 방석 위에 앉아 있다. 얼굴과 수염은 섬세하고 가는 선으로 판각된 반면, 건과

度越前聖
師表百王
綱維斯道
萬世彌昌

그림 1-1. 〈공자 좌상〉

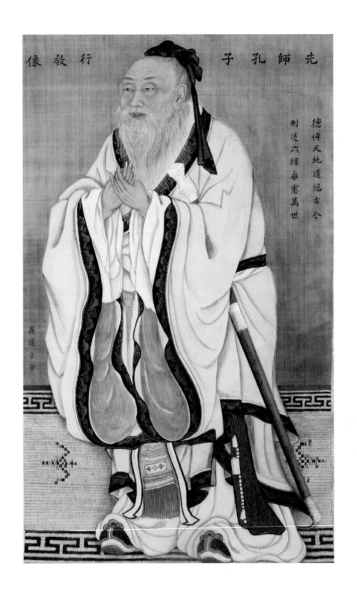

그림 1-2. 채용신(추정), 〈공자행교상〉

심의는 붓끝이 살아 있는 중봉의 힘찬 선으로 표현됐다. 얼굴에는 드러난 이, 넓은 이마 등 칠루를 표현하려 한 흔적이 보인다.

공자의 시선이 머무는 곳에는 우거진 수풀과 그 사이로 굽이져 흘러내리는 폭포수가, 공자가 앉아 있는 주변에는 바위가 배치됐다. 바위 사이로 보이는 영지버섯, 대나무, 난초는 속세를 벗어난 은일처사의 산거를 암시한다. 화면 상단에 적힌 "이전의 성인을 뛰어넘고 모든 왕의 사표이며, 사도의 법도가 되어 만세토록 더욱 창성하네(度越前聖 師表百王 綱維斯道 萬世彌昌)"라는 구절은 동아시아의 지식인에게 존경받는 공자의 위상을 알려준다.

포의와 장보관은 현재 전해지는 공자 관련 미술품 가운데 공자가 가장 많이 착용한 복식이다. 공자가 벼슬아치보다 학자로 인식됐음을 알려주는 단서다.

석지(石芝) 채용신(蔡龍臣, 1850~1941)이 그렸다고 전해지는 〈공자행교상〉(그림 1-2)도 심의를 입고 복건을 쓴 공자 초상이다. 양손을 가슴에 가지런히 모으고 서 있는 공자는 얼굴이 크고 체구가 건장하다. 분홍색 안감, 노란색 폐슬, 파란색 띠까지 드리운 화려한 심의를 입었고, 녹색 무늬의 태사혜를 신었다. 옆구리에 패검까지 차고 있어 은둔자라기보다 근엄한 지도자처럼 보인다. '선사공자행교상(先師孔子行敎像)'이라는 제목과 더불어 그림 왼쪽에 '오도자필(吳道子筆)'이라고 적혀 있다. 그림 오른쪽에는 다음과 같은 제찬이 적혀 있다.

덕은 천지와 짝을 이루고,
도는 세상에 으뜸이시네.
육경을 산정하고 기술하시니,
만세에 큰 법을 남기셨네.[4]

다음은 제왕의 공자상이다. 제왕으로 표현된 공자는 면류관
(冕旒冠)을 쓰고 면복(冕服)을 입었으며, 홀을 들고 적석(赤鳥)을
신었다. 이는 739년(개원 12) 공자가 문선왕에 봉해진 이후 공자
초상에 본격적으로 등장하는 의관이다. 면복과 면류관은 주나라
때 체계화된 천자의 복식이다. 면복의 경우 후한의 명제(明帝)가
12장문(章紋, 왕을 상징하는 문양) 면복을 황제의 제례복으로 제도
화하면서 역대 왕조와 주변국으로 전승됐다. 12장문은 일(日, 삼
족오), 월(月, 토끼 혹은 두꺼비), 성신(星辰, 북두칠성과 직녀성), 산(山), 용
(龍), 화충(華蟲, 꿩), 조(藻, 수초), 화(火, 불), 분미(粉米, 쌀), 종이(宗彝,
호랑이와 원숭이), 보(黼, 도끼), 불(黻, '己' 자 두 개를 마주한 모양)이다. 또
면류관은 관모 가운데 가장 고귀한 것이다. 모자 위에 직사각형
의 큰 면판(冕版)이 붙어 있는데, 뒷부분은 각지고 앞부분은 둥근
형태다. 겉은 검고 속은 붉으며, 구슬을 꿴 열두 가닥의 긴 끈인

그림 1-3. 염립덕·염립본(추정), 〈역대제왕도〉(부분)

유(旒)를 늘어뜨린다.

중국 산동성 가상현 무량사에 가면 12장문을 제창한 제순이 면류관으로 추정되는 사각형의 관을 쓴 제왕으로 표현된 화상석

을 볼 수 있다. 당 대의 염
립덕(閻立德, 596~656)과
염립본(閻立本, 600~673)
형제가 그린 것으로 전해
지는 〈역대제왕도권〉(그
림 1-3)에 12장문 면복을
입은 제왕상이 보인다.
공자도 당 대부터 12류
가 늘어진 면류관과 면복
을 갖춘 채 남면한 제왕
의 모습으로 연출됐다.

그림 1-4. 〈대성지성문선선사공자지상〉

　이후 중국의 제왕은 공
자의 지위를 격상하고자
공자상의 의장 표현에 힘을 쏟았다. 예컨대 공자에게 최고의 지
위인 '제(帝)'를 수여하려 한 송 진종(眞宗, 968~1022)은 신하들이
반대하자 1008년 '현성(玄聖)'이라는 칭호만 붙이게 했다. 대신 공
자가 손에 든 규(圭)를 나무에서 옥으로 바꾸고, 9장문 면복과 아
홉 줄의 면류관을 착용하게 했다. 이후 송 휘종(徽宗, 1082~1135)은
아홉 줄의 유를 열두 줄로 늘리고, 9장문 면복을 12장문 면복으
로 교체했다. 공자를 '지위 없는 황제'로 격상한 것이다.[5]

황제 모습의 공자는 진호(陳鎬, ?~1511)가 찬하고 공윤식(孔胤
植, 1592~1647)이 증보한 《궐리지》에 등장한다. 《궐리지》에 수록
된 〈대성지성문선선사공자지상(大成至聖文宣先師孔子之像)〉(그림
1-4)을 보면, 공자는 손에 삼태성(三台星)과 산이 그려진 진규(鎭
圭)를 들었고, 12류의 면류관을 썼으며, 12장문 면복을 입었다.
완벽한 황제의 모습이다. 현재 곡부에 있는 공묘(孔廟) 대성전에
모셔진 공자상도 황제의 복식을 갖춘 당당한 모습이다.

마지막으로 사구관(司寇冠)을 쓴 공자상이다. 모자의 양 끝이
두 갈래로 뾰족하게 솟은 사구관은 공자가 노나라에서 법무장관
에 해당하는 대사구를 맡았음을 재현한 것이다. 공자가 3개월 동
안 머물렀던 관직을 의미하는 관모로서 관료 공자의 표상이 됐
다. 그러나 사구관을 쓰고 포의를 갖춰 입은 공자상도 적잖다. 사
구관 자체가 공자의 도상으로 정착했음을 알 수 있다.

사구관을 쓴 공자상은 현재 산동성박물관에 소장된 〈대성공
자위노사구시상(大成孔子爲魯司寇時像)〉(그림 1-5)이다. 이 그림 상
단에 촉혜왕(蜀惠王) 주신착(朱申鑿, 1459~1493)의 시와 '성화을사
세지일(成化乙巳歲至日)'이라는 간지가 적혀 있어 1485년 이전에
제작됐음을 알 수 있다. 공자가 쓴 사구관을 자세히 보면 중앙에
오가형의 산봉우리 형태가 솟아 있는 붉은색 관이 금색 테두리
로 둘려져 있고, 중앙에는 구름 형태 한가운데 푸른 보석이 박혀

그림 1-5. 〈대성공자위노사구시상〉
그림 1-6. 〈공자 초상〉(석당본)

있다. 양옆으로 솟은 검은
색 관모에는 초록색 잠(簪)
이 가로로 꽂혀 있고, 그
옆에 푸른 끈이 늘어져 얼
굴을 감싸며 묶게 되어 있
다. 또 공자는 박쥐, 용, 구
름 등이 그려진 회색의 포
를 입었다. 공자 초상에서
보기 드문 이 화려한 복장
은 긴 수염, 어둡지만 근엄
한 얼굴과 함께 50대 중반
관직에 머물던 관료의 위
상을 잘 표현해준다.[6]

그림 1-7. 〈성상〉

〈공자 초상〉(석당본)(그림 1-6)에도 사구관을 쓴 공자가 등장한
다. 전신 입상의 공자는 사구관에 포를 갖추었고 양손으로 규를
가지런히 잡아 올리고 있는 관리의 형상이다. 붉은 선으로 얼굴
윤곽뿐 아니라 옷 주름까지 표현했고, 드러난 이와 큰 눈 등 공
자 얼굴의 특징이 잘 나타난다. 특히 사구관은 두 겹이고, 황금색
이며, 동곳과 같은 잠이 끼워져 있어 매우 화려한 모습이다. 그리
고 상단에는 다음과 같은 글이 적혀 있다.

태산에서 궐리(闕里, 공자의 고향)를 바라보니,

나이가 들수록 더욱 견실하다.

수사 사이에서 (공자의) 높은 담장을 찾으니,

성인이 지나는 곳마다 사람이 모두 변하고,

마음 둔 곳은 문득 신묘하여,

금으로 소리를 퍼뜨려 (조리를 시작하고),

옥으로 거두어 (조리를 끝낸다).

오십에《춘추》를 지어 춘왕정월을 말씀하셨고,

육십에 책을 항아리에 넣어 천명을 받는 길조를 보였다.

공자처럼 만세의 도와 권세를 임하고 만세의 종장을 열고자 하네.[7]

이 글은 조선의 문인인 금곡 송래희(錦谷 宋來熙, 1791~1867)가 지은 것으로 추정된다. 공자 입상과 함께 동아대학교 석당박물관에 소장된 〈기자 초상〉 뒷면에 "은진후송래희근서(恩津後宋來熙謹書)"라고 쓰여 있기 때문이다. 비슷한 형식의 공자 초상이 《노성궐리지(魯城闕里誌)》(1859) 〈성상(聖像)〉(그림 1-7)에도 실려 있다. 이 〈성상〉에 묘사된 사구관의 독특한 형상과 규를 든 자세가 석당본 〈공자 초상〉과 매우 유사하다. 게다가《노성궐리지》에 후서를 쓴 인물이 바로 송래희다. 두 작품의 연관성을 입증하는 단서가 된다.[8]

공자의 가르침,
종교가 되다

공자의 가르침을 근간으로 형성된 유학은 종교 체계로도 전개됐다. 이것이 유학과 유교가 혼용되는 이유다. 종교란 인간이 능력 밖의 어려움에 맞닥뜨릴 때 그리고 합리적 사고로 답을 구하지 못할 때 의지하는 사상 체계다. 신이 간직한 절대적 힘으로 고민을 해결하고 삶의 목적을 탐구하는 세계인 셈이다.

그런데 공자를 절대적 존재라고 할 수 있을까? 공자는 위대한 인간, 즉 성인일 뿐 절대신은 아니다. 그렇다면 그의 가르침을 종교라고 할 수 있을까? 이 물음은 오랜 기간 논의해온 난제다. 원래 한자 문화권에서 가르침을 뜻하는 '교(敎)'와 배움을 뜻하는 '학(學)'은 동일한 의미의 글자였다. 이렇게 볼 때 유교는 가르치는 입장에서 사용하는 명칭이며, 유학은 배우는 입장에서 쓰는 명칭이다. 따라서 유학과 유교는 가르치고 배우는 교학의 학문 체계다. 유학을 종교로 칭하게 되면 유학이 지닌 교학의 요소를 훼손할 가능성이 있다. 그러나 한편 경전의 이치를 실현하기 위해 성립된 유교는 종교적 성격을 부정할 수 없는 교학 시스템을 가진다. 즉 종교와 학문, 정치와 도덕을 통일적으로 아우르는 독특한 사상이자 문화 제도인 셈이다.[9]

물론 유교는 종교이기 이전에 학문 체계로 발전했다. 공자의 가르침을 근간으로 질서와 규범을 존중하고 예술을 통한 자기 수양을 강조하는 사상이다. 이는 지식인의 일상생활에서 실천됐고, 개인의 실천 윤리를 넘어 사회 전반의 규범으로 기능했다. 나아가 강력한 국가를 이룩하기 위한 정치 이데올로기로 발전했고, 인간의 본질과 본성을 우주의 원리에서 풀어내려는 '유교'로 정착됐다. 개념에서 규범으로, 학문에서 종교로 전환된 것이다.

중요한 것은 종교가 미술이 되는 과정이다. 종교에서 언급되는 구원과 깨달음의 과정은 말이나 언어로 표현하는 데 한계가 있다. 사는 동안 불가사의한 일을 허다하게 겪는 인간에게 종교와 예술이 필요한 이유다. 종교는 신비한 체험을 통해, 예술은 감성적 인식을 통해 인간의 조건과 한계를 극복하며 잠재력의 지평을 넓혀간다. 특히 종교는 이상향을 실현하려는 노력이다. 이는 예술의 힘을 빌리지 않고는 성립할 수 없다.[10] 이렇게 볼 때 형이상학의 개념이 물성으로 가시화된 것이 바로 종교 미술이다. 각각의 종교가 추구하는 추상적 철학을 쉽게 전파하려고 선택된 방식이 시각물인 것이다.

물론 예술 형식, 즉 시각물을 거부하는 종교도 있다. 대표적인 예가 바로 선종(禪宗)이다. 선종은 인도의 달마가 5세기경 남인도에서 중국 대륙 남방으로 가서 전파한 대승불교의 한 종파다. 달마는 남인도 대바라문국의 세 번째 왕자로 태어났고, 어린 나이에 불교에 귀의하고자 출가했다. 중국에 불교를 전파하라는 스승 반야다라의 명에 따라 3년 동안 배를 타고 캄보디아를 거쳐 중국에 도착했고, 숭산 소림사에서 9년간 면벽하면서 깨달음을 얻었다. 선종은 초월적 깨달음과 자아 해탈을 목표로 한다. 비이성적 직관의 사유를 중요시하기 때문에 좌선이나 참선을 정진의 수단으로 삼는다. 불립문자(不立文字)를 추구하여 언어나 문자에 의한 표현 행위를 일체 거부하고, 신상을 비롯한 조형물도 거의 제작하지 않는다.

그러나 대부분의 종교는 예배의 대상이 필요했다. 종교적 조형물의 효력이 매우 크기 때문이다. 종교적 조형물은 일정한 순서, 즉 예술적 '형식'과 물질적 후원이 절대적으로 필요하다. 관념의 형상화가 종교 예술의 본질이라고 할 때 숭고하고 아름다운 관념은 신의 형상으로 표출된다. 그리고 신의 형상은 대부분 인간의 외모를 빌려 가시화된다. 절대자의 신상이나 일화가 종교 미술의 가장 좋은 소재가 되는 까닭이다. 외적 형식의 완성을 위해 다양한 물성이 활용된다.

그러나 종교에 따라 신의 형상화 과정은 다르게 전개된다. 서양의 대표적 종교인 기독교는 제조적 신학 체계를 지닌 문명화된 고등 종교다. 기독교의 신인 야훼(Yahweh)는 물질로 대치될 수 없는 초관념의 존재다. 따라서 야훼의 시각화는 물질과 물리적 현존으로 이룩되는 미술의 영역이 아닐 수 있다. 게다가 십계명에 명시된 "나 이외에 다른 신을 섬기지 마라", "우상을 섬기지 마라"라는 계시는 기독교에서 신의 형상화를 꺼리게 되는 요소로 작용했다. 그리스도는 3세기경부터 인간의 모습으로 재현됐다. 기독교에서 신의 표현은 불경한 것이며, 더 나아가 잘못된 형상으로 재현하는 것은 있을 수 없는 일이었다. 그러나 초기 기독교 미술에서 그리스도는 젊은 양치기로 혹은 유사한 종교에서 전용된 신으로 등장했다. 이후에는 고대 그리스의 철학자 혹은 황제나 권력자의 형상을 빌렸다. 잘못된 이미지는 우상이 됐고, 이는 기독교의 근간을 흔드는 치명적 약점이 됐다. 이로써 성상파괴운동이 발생했다.[11]

기독교의 야훼와 달리 불교의 부처는 창조자가 아니다. 구세주도 아니다. 단지 인간 석가가 득도하여 초자연적 신으로 전환됐을 뿐이다. 또 불교에서는 윤회(輪回)의 개념이 중요하다. 즉 전생, 현생, 내생이 존재하는 것이다. 전생의 삶이 현생을 결정하고 현생의 삶이 내생을 결정한다는 교리는 타 종교에서 찾기 힘든 특징이다. 석가가 열반에 든 후 한동안 그의 형상은 제작되지 않았다. 그러다가 초기 불교 미술에서 석가모니, 즉 부처의 형상이 생략된 채 그의 일생이 하나의 상징체로 표현됐다. 당시 불자는 절대자의 모습을 형상화하는 것을 금기시했다. 그리하여 석가모니의 정각(正覺, 깨달음)은 보리수, 초전법륜(初轉法輪, 첫 번째 설법)은 바퀴, 열반은 스투파(탑)로 표현됐다. 성스럽고 신비로운 석가모니의 형상을 일정하게 규정하지 않은 것이다. 후대의 학자는 이러한 시기를 '무불상시대'라고 명명했다.

인도에서 불교가 점차 대중화하면서 예배 공간과 신상이 강력하게 요구됐고, 대승불교가 확산된 기원후 1세기에 드디어 불상이 만들어졌다. 석가모니는 일반 사람과 다른 서른두 가지 신체적 특징을 지니고 태어났다. 초창기 불교 조각가는 인간과 구별되는 석가모니의 특징을 토대로 불상을 만들었다. 그러나 불교는 하나의 경전을 제시하지 않았다. 하나의 예배상도 고집하지 않았다. 누구나 득도하면 부처가 될 수 있다는 대승불교의 논리는 여러 종류의 신상이 탄생하는 계기가 됐다. 이 과정에서 해독이 불가능한 교리나 신상도 등장했다.

그렇다면 유교는 어떠한가? 유교의 공자에게는 기독교의 야훼나 불교의 석가와 달리 불가능한 것을 가능케 하는 신성이 없다. 가장 인간적인 모습으로 태어나서 가장 인간적인 삶을 살았던 보통 사람이다. 다만 굴곡진 인생에서 터득한 삶의 지혜가 많은 사람에게 공감과 치유를 선사했을 뿐이다. 공자는 여타 종교의 절대자와 달리 가장 신격화되지 않은 존재다. 그는 다만 성인일 뿐이다. 따라서 공자는 인간 위에 존재하는 절대자라기보다 가르침을 주는 스승이자 추종자의 공경을 받는 조상으로 기능했다.

기독교 미술이나 불교 미술에서는 절대자의 상징체가 존재한다. 기독교의 경우 예수의 죽음과 부활을 상징하는 십자가와 오병이어의 기적을 뜻하는 물고기나 빵이 그러하다. 특히 중세 기독교 미술에서는 상징과 기호로 구성된 독립된 문장이나 텍스트가 일종의 의미 코드를 형성하며 시각화됐다. 불교의 경우 윤회를 상징하는 바퀴, 정각의 장소인 보리수, 부처의 행적을 뜻하는 사다리와 족적이 그러하다. 유교 미술에서 찾아보기 힘든 표상이다.

유교 미술에서는 공자를 상징하는 특별한 모티브가 없다. 대신 유교 미술은 정확한 개념과 그에 따른 교리로 제작됐다. 모호하고 은유적인 상징체 대신, 정확하고 객관적인 지침이 존재한 것이다. 이러한 지침은 글과 그림으로 구성된 교본에 명시된다. 그림을 곁들여 설명한 책을 도설(圖說)이라고 하는데, 유교적 개넘이나 질서가 표현된 도설은 지식인이 유학의 이념과 진리를 표현하고 유교 문물의 보전과 전승을 목적으로 하는 다양한 형태의 자료다. 구체적으로 유교 문화와 관련된 각종 문물의 형태 묘사, 의례적 수행을 위한 건물의 배치와 의례 참여자의 위치, 유교 이념, 즉 경학적(經學的) 진리를 전달하기 위해 문자와 여러 가지 상징을 통해 구현된 그림이다.[12]

공자의 가르침이 학문을 넘어 종교로 전환되면서 이를 조형화한 시각 미술도 등장했다. 기독교나 불교 미술에서는 아름다운 천국이나 도솔천의 광경을 보여주려는 목적으로 종교와 연관된 조각이나 회화를 더할 나위 없이 화려하게 치장했다. 지상에 내려온 천상의 미를 극대화하기 위해서다. 특히 가장 세속적인 사람의 몸을 가장 성스러운 예배의 대상으로 탈바꿈시키기 위해서는 장식과 장엄이 필수적이었다. 신성을 아름답게 표현하기 위한 '외면의 미'가 중요한 이유다. 반면 지침을 근거로 한 유교 미술은 여타의 종교 미술에 비해 상대적으로 덜 화려하다. 공자가 추구한 인과 예를 반영하고 그의 검박한 생활을 실현하고자 내면의 미가 강조됐기 때문이다.

2 노자　주공　제요와 제순

공자가 흠모한
인물들

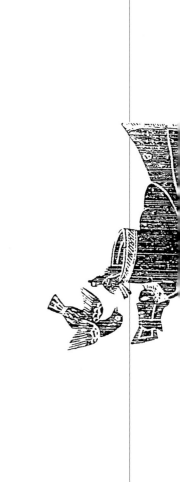

제요와
제순

이상적 군주, 제요와 제순

공자는 학문을 익히고 정치사상을 집대성하면서 수많은 선학의
영향을 받았다. 공자가 이상적 군주로 흠모했던 지도자는 삼황
오제(三皇五帝)의 오제에 포함되는 제요(帝堯)와 제순(帝舜)이다.
널리 알려졌듯이 삼황오제란 천황(天皇), 지황(地皇), 인황(人皇)의
세 황제와 복희(伏羲), 신농(神農), 황제(黃帝), 당요(唐堯), 우순(虞
舜)의 다섯 임금을 뜻한다. 이들은 신화 속 인물이므로 그 실체가
모호하다. 그러나 중국을 대표하는 성군으로 언제나 존경과 흠
모를 받아왔다. 거대 국가의 태평성대와 위대한 문명을 이룩한
존재로 알려졌기 때문이다.

요는 제곡(帝嚳) 고신(高辛)의 아들로, 이름은 방훈(放勳)이다.
당 지방을 다스려서 당요 혹은 제요도당(帝堯陶唐)이라고 불렸

다. 여러 역사서에 따르면 그는 스무 살에 왕위에 오른 후 덕으로 나라를 다스려 공명정대하고 평화로운 제후국을 이끌었다. 제요는 왕위에 오른 지 70년이 됐을 무렵 후계자를 물색하기 시작했다. 신하들은 효성이 지극한 순을 추천했다. 순은 전욱(顓頊) 고양(高陽)의 후손으로 성은 우, 이름은 중화(重華)다. 요에게 왕위를 물려받은 다음에는 우순 또는 제순유우(帝舜有虞)라고 불렸다. 순은 본래 지위가 낮고 가난한 서민 집안 출신이었다. 그러나 제요는 순의 효성이 지극하다는 소문을 듣고 그를 후계자로 삼고자 했다. 그리하여 순에게 아황, 여영 두 딸을 시집보내 그의 인성과 정치력을 시험했다. 결국 3년 뒤 순을 군주로 등용해 천하의 일을 맡겼다.

제요와 제순은 하나라의 우왕, 상나라의 탕왕과 더불어 요순우탕(堯舜禹湯)이라 불리며 중국 상고시대를 이끈 성군으로 칭송받았다. 이들은 무력을 행사하지 않고 오로지 덕과 지혜로 나라를 다스려서 백성이 오롯이 생업에만 힘쓰며 평화로운 삶을 누리도록 힘썼다.《상서(尚書)》라고도 불리는《서경》은 모두 58편인데, 그중 1편에 해당하는〈우서(虞書)〉5장이 제요의 이야기인 '요전(堯典)'과 제순의 이야기인 '순전(舜典)'으로 구성되어 있다. 제요와 제순의 공덕이 얼마나 높았는지 알 수 있다. 다음은〈우서〉'요전'에 기록된 제요의 인품과 행적이다.

요는 몸가짐이 공경스럽고 총명하며 우아하다. 또한 신중하시어 온유하셨고 진실로 공손하고 겸양하시었다. 사람들을 감화시키는 빛이 온 세상에 퍼져서 하늘로부터 온 땅에 가득했다. 큰 덕을 밝히시어 온 집안을 화목하게 하셨고, 백성을 밝게 다스리시고 세상을 평화롭게 하셨다. 백성들은 이런 감화를 받아 화평을 누리었다.[1]

사마천의 《사기》〈오제본기(五帝本紀)〉에는 제순 평전이 실려 있다. 순은 자신을 살해하려는 아버지에게조차 효도를 다했으며, 이복동생을 거두고 자비를 베푼 성인으로 묘사됐다. 아버지 고수(瞽叟)는 장님이었고, 순의 어머니가 세상을 떠나자 계모를 들여 이복동생인 상(象)을 낳았다. 고수는 상을 편애했다. 하루는 고수가 순에게 우물을 파도록 시켜 순을 그 속에 파묻으려 했다. 순은 우물 밖으로 나오는 비밀 구멍을 함께 파서 위기를 모면했다. 아버지와 이복동생이 목숨을 빼앗으려 해도 순은 더욱 정중하게 아버지를 섬기고 동생을 사랑했다.[2]

제요와 제순이 백성을 잘 다스리는 성군이자 인류의 기본인 인과 예를 실천한 '성인'으로 칭송받게 된 것은 온전히 공자 덕분이다. 공자는 요순우탕을 모두 존경했지만, 특히 제요와 제순을 자신이 꿈꾸는 이상 국가를 이룩한 주인공이라고 여겼다. 그들이 자기 수양에 힘써 군자다운 정치를 펼쳤다고 본 것이다. 다음은

《논어》〈태백(泰伯)〉에 기록된 제요와 제순을 찬양하는 글이다.

위대하도다! 요의 임금 노릇하심이여. 높고 크도다! 오직 하늘만이
크거늘, 오직 요임금만이 그것을 본받으셨으니, 넓고 아득하여 백
성들이 뭐라고 이름할 수 없구나. 높고도 크도다! 그가 이룩한 공적
이여, 빛나도다. 그 문물제도여.[3]

공자는 제요와 제순이 인과 예를 실천함과 동시에 완벽한 정
치 제도를 구축하여 '덕치'를 이룩했다고 평가했다. 그리고 언제
나 이들을 떠올리며 자신의 행동과 생각을 바로잡고자 노력했
다.《논어》〈헌문(憲問)〉에 수록된 공자와 자로(子路, 기원전 543~기
원전 480)의 대화가 이를 알려준다.

자로가 군자에 대해 물었다. 공자가 말했다.
"경건하게 자기를 수양한다."
"그리하면 됩니까?"
공자가 대답했다.
"자기를 수양하여 백성들을 편안하게 한다."
"그리하면 됩니까?"
공자가 말했다.

"자기를 수양하며 백성들을 편안하게 만든다. 자기를 수양하여 백성들을 편안하게 만드는 것은 요와 순도 그러지 못할까 걱정했었다."

또한《공자가어(孔子家語)》〈관주(觀周)〉에는 공자가 낙읍의 주나라 건축물에서 제요, 제순의 상과 걸주의 상을 발견한 후 선악과 흥폐의 교훈을 깨닫는 구절이 실려 있다.[4] 이렇듯 공자는 제요와 제순을 자기 수양과 군자의 덕치를 실현한 위대한 군주로 추앙하며 절대 본보기로 삼았다.

공자의 제요, 제순 존숭은 후배 유학자에게 계승됐다. 그럼으로써 그들이 중국을 대표하는 성군으로 인식되는 계기가 마련됐다.[5] 공자가 제요와 제순을 공경했음은 여러 기록에서 발견된다. 공자의 외모를 요순우탕의 생김새와 비유하는 것이 대표적인 예다. 앞서 언급한 윤복진의 '소영찬'에는 당나라의 시인 유우석(劉禹錫, 772~842)이 쓴〈허주신묘비(許州新廟碑)〉(836)가 붙어 있다. 이 비문은 공자의 용모를 "요의 머리와 우의 몸이며 화려한 관과 상아 패의 용모이니 스스로 추노에서 취한 것이다(堯頭禹身, 華冠象佩之容, 取之自鄒魯)"라고 묘사했다. 여기서 언급된 추노는 맹자(孟子, 기원전 372~기원전 289)와 공자의 출생지를 뜻하는 합성어로, 두 사람의 학풍이 머문 장소를 일컫는다. 결국 유우석의 시구는 공자가 요, 우의 신체와 화려한 장식을 물려받았음을 비유한 것이다. 이는 공씨 족보인 《가보》에서도 확인된다. 《가보》의 저자 공종한이 정리한 공자의 독특한 외모 49표는 제요와 제순의 생김새와 유사하다.[6]

그렇다면 제요, 제순과 관련한 가장 널리 알려진 일화는 무엇일까? 우선 제요의 경우 《사기》〈태사공자서(太史公自序)〉에서 묵가(墨家)가 요순의 덕행을 숭상하며 "집 높이는 겨우 세 척, 흙 계단은 세 개뿐, 모자(茅茨)로 만든 지붕도 잘라서 잘 정리하지 않았고, 통나무 서까래도 잘 깎아 다듬지 않았다"라고 기술한 내용을 들 수 있다.[7] 제요가 천자가 되어 명당을 차지했지만 화려한 가옥을 외면한 채 검박하게 살았다는 것이다. 또 제요가 평상복 차림으로 번화한 거리를 다니다가 천하태평을 노래하는 아이들이나 밭을 갈고 우물을 파서 마시는 백성을 만난 이야기도 있다. 이를 '강구경착(康衢耕鑿)'이라고 한다. 이 일화도 백성을 사랑하는 아름다운 미담으로 전해져서 규장각 차비대령화원(差備待令畵員)[8]의 화제(畵題)로 선택됐다.

제순의 경우 앞서 소개한 《사기》〈오제본기〉에 기록된 효자 이야기가 가장 유명하다. 자신을 죽이려는 부모에게도 효도를 다하고 이복동생을 거두면서 자비를 베풀었다는 이야기는 많은 사람에게 감동을 주었다. 심지어 순의 효성이 소문나서 그가 역

산에서 농사를 지을 때 코끼리가 와서 밭을 갈아주고 새가 날아
와 밭을 매어줬다는 이야기도 전해진다. 또 제순이 남훈전에서
오현금(五絃琴)을 탔다는 일화도 널리 알려졌다. 제순은 오현금
을 처음으로 만들어 〈남풍가(南風歌)〉를 지어 불렀다고 한다.

> 훈훈한 남쪽 바람이여,
> 우리 백성의 수심을 풀어주기를,
> 제때에 부는 남풍이여,
> 우리 백성의 재산을 늘려주기를.[9]

언제나 백성을 먼저 생각하는 제요와 제순의 남다른 삶은 아
름답고 훌륭한 귀감이 되어 후대에 전승됐다. 그리고 군주고사
도(君主故事圖)의 훌륭한 소재로도 활용됐다.

제요, 제순의 고사도

조선시대 군주고사도와 제요, 제순

백성의 마음을 헤아려서 나라를 잘 다스렸던 군주는 동서고금을
막론하고 존경의 대상이었다. 이것이 그들을 권력과 위엄의 상
징인 초상화로, 혹은 그들의 훌륭한 행적을 시각 기록물인 고사

인물화로 줄곧 재현하는 까닭일 것이다. 장언원(張彦遠, 815~879)은 《역대명화기(歷代名畵記)》에서 "사물을 선양하는 데는 말보다 나은 것이 없고, 형상을 후대까지 보존하는 데는 그림보다 나은 것이 없다"라고 회화의 효능을 설명했다. 그리고 조식(曹植, 192~232)이 기술한 다음의 문장을 인용해 군주고사도가 간직한 감계(鑑戒)의 기능을 부언했다.

> 그림을 보는 사람은 삼황오제의 상을 보고 우러러 받들지 않음이 없고, 하·은·주 삼대 말의 폭제의 상을 보고 슬퍼하고 놀라 탄식하지 않음이 없는데, (……) 이것으로써 감계의 의미로 보존하는 것이 도화임을 알 것이다.[10]

조선 왕실에서도 감계용 교본으로 고사인물화나 초상화를 적잖이 제작했다. 태조(太祖, 1335~1408)는 중국의 군주고사도를 관성(觀省)의 자료로 삼기 위해 벽에 걸어두라고 명했다. 역대 황실의 이야기가 군주의 인간적 덕목인 효와 통치의 능력인 덕을 동시에 표명하는 제재였기 때문이다. 또한 조선 왕실은 명군고사도뿐만 아니라 사악한 군주의 행실을 그린 그림도 감상했다. 대표적으로 세종(世宗, 1397~1450)의 어명으로 제작된 군주고사도를 들 수 있다. 세종은 《명황계감(明皇誡鑑)》(1441)을 편찬하도록 지시했다. "명황과 양귀비의 일을 그림으로 그린 것은 매우 많지만, 이는 놀이를 위한 자료에 불과하다"라고 지적하면서, 개원과 천보 연간의 행적을 각각 구별하여 그리라고 명한 것이다.[11] 따라서 《명황계감》은 명황, 즉 당 현종(玄宗, 李隆基, 685~762)이 황제 재위 기간 중 성공하고 실패한 사적을 그림으로 풀이한 도감으로 추정된다. 후대의 왕도 《명황계감》을 계속 감계용 교본으로 삼았다.

어린 나이에 왕위를 물려받은 조선의 성종(成宗, 1457~1494)도 귀감의 대상으로 군주고사도를 적극 활용했다.[12] 특히 보위에 오른 지 7년째 되는 1476년, 스무 살에 비로소 섭정을 끝내고 친정을 시작하자 군주고사도 제작에 더욱 힘을 썼다. 이듬해에는 《명군병(明君屛)》, 《선명후암군병(先明後暗君屛)》, 《현비병(賢妃屛)》이라는 세 개의 병풍을 그려 신하들에게 각각 시를 짓게 했다. 그중 박효원(朴孝元) 등이 임금에게 바친 《명군병》은 여러 문신이 붙인 시가 수록되어 있어 그림의 내용을 짐작하게 해준다. 《명군병》의 두 번째 장면인 〈제요도(帝堯圖)〉에는 익성부원군 홍응(洪應, 1428~1492)이, 세 번째 장면인 〈제순도(帝舜圖)〉에는 당시 동부승지였던 홍귀달(洪貴達, 1438~1504)이 다음과 같은 시를 붙였다.

제요도

"해가 뜨면 일어나고, 해가 지면 휴식하네. 밭에 농사지어 먹고 우물에 물 길어 마시는데, 임금이 우리에게 무슨 힘이 되는가?" 했다.

시에 이르기를,

"날마다 눈이 시게 옛 역사 읽어봐도,

제요 같은 어진 성군, 세상에 다시없네.

흙 계단 띠 지붕의 검소한 생활이며,

비방하는 나무(誹木)에다 간고(諫鼓)까지 설치했네.

온 누리 화평케 한 지극한 정치,

사악(四岳, 사방의 제후를 통솔하던 관직)에게 모든 것을 자문했네.

높고 넓은 그의 덕이 하늘처럼 커,

멀거나 가깝거나 한맘으로 귀의하네" 했다.

제순도

순이 오현금을 타며 남풍시를 노래하기를,

"남풍의 훈훈함이여, 우리 백성의 불만을 풀어주도다. 남풍의 때맞음이여, 우리 백성의 곡식을 풍부하게 하여주네" 했다.

시에 이르기를,

"온 세상이 역수(曆數, 천명)가 돌아옴을 칭송하니,

그 중화(重華, 순의 공덕을 칭송해 일컫는 이름) 오래도록 높이높이 우러르네.

경운은 뭉게뭉게 천장(天丈, 임금의 근위병)에 드리우고,

서일(瑞日)은 찬란하게 진의(衫衣)에 비치도다.

많은 업적 이룩될 때 단면(端冕)이 장엄하고,

오현금을 타는 곳에 봄바람 살랑살랑.

남풍 한 곡조에 민온(民慍)이 다 풀리니,

넓고 큰 인덕이 천하에 두루 찼네" 했다.[13]

홍응은 제요가 천자가 되어 흙으로 섬돌을 세 척 높이로 쌓고 따로 지붕을 이어 끝을 잘라 가지런히 하지 않았다는 고사와 신하를 신뢰한 덕장의 인품을 기술했다. 홍귀달은《예기》에 실린 시를 인용하면서 제순이 남훈전에서 오현금을 타는 일화를 서정적으로 기술했다. 홍응과 홍귀달이 제요와 제순의 풍류적 면모와 백성을 사랑하는 성군의 자질을 동시에 묘사하며 그들이 이룩한 태평성대를 찬양한 것이다. 이러한 고사 병풍은 국왕의 위엄과 자비를 동시에 표명하는 장엄물로 왕실에 진설됐을 것이다.

다음은 숙종(肅宗, 1661~1720)이다. 숙종은 조선의 어느 임금보다 그림과 글씨를 사랑했고 그 효능을 적극 활용했다. 1691년에는 "선하여 본받을 만한 것(善可爲法)과 악하여 경계할 만한 것(惡可爲戒)을 각각 여덟 폭씩 그려 두 개의 병풍으로 만들되, 앉은 자

리 가까이 펴두어 성찰을 돕게 하며, 주문하는 신하가 율시를 지어 병풍 폭 머리에 쓰라" 하고 명했다. 선대 국왕의 전통을 계승하여 임금이 본받고 경계해야 할 일을 병풍에 그려 성찰의 계기로 삼은 것이다.

숙종이 주문한 병풍 16폭 중 '선하여 본받을 만한 것'에는 제요가 어진 이를 임용한 것(帝堯之任賢圖治)과 제순이 노래를 지어 천명을 경계한 것(帝舜之作歌勅命)이 포함되어 있다. 이에 이조참판 이현일(李玄逸, 1627~1704)은 '악하여 경계할 만한 것' 중에서 하(夏)나라의 소강(少康)이 사냥에 빠져 왕위를 잃은 고사가 적절치 않으니 '제순과 고요(皐陶)의 노래'로 바꿀 것을 제안했다.[14] '제순과 고요의 노래'는 《서경》〈우서〉 '익직'에 나오는 고사다. 제순은 하늘의 명을 받들어 어느 때건, 무슨 일이건 제대로 살핌이 중요하다면서 다음과 같이 노래했다.

신하들이 즐거우면 임금은 흥성하고, 모든 관리도 화락하게 되리라.

그러자 고요가 이어 노래하며 화답했다.

임금님이 밝으시면 신하들도 훌륭하여
모든 일이 편안히 잘 되리로다.

임금님 하는 일이 번거롭고 자잘하면

신하들이 게을러져 모든 일이 잘못되리로다.[15]

제순과 고요는 각자의 처지에서 신하와 임금이 할 일을 강조
했다. 실로 현명하면서도 날카로운 문답이 아닐 수 없다. 또 제요
와 제순의 초상이 장첩된《명군병》중에는 군신의 계보를 알려
주는《역대군신도상첩(歷代君臣圖像帖)》이 있다.[16] 1525년 중종
은 공자의 화상 한 폭과 역대 군신의 도상 한 질을 내놓고 홍문
관 관원에게 찬을 지어 바치라고 명했다. 현재 중종의 명으로 제
작된《역대군신도상》은 전해지지 않지만, 18세기의 모사본으로
알려진 동일한 제목의 화첩이 남아 있다.《역대군신도상첩》에는
중국의 군신을 비롯해 조선 중기 유학자의 초상까지 초본으로
장첩됐다. 제요와 제순도 이 도상첩에 포함된다.[17] 이렇듯 조선
왕실은 제요와 제순의 명군도를 감상하며 성군의 기상과 자질을
기억했다. 왕실에서 유통된 감계용 회화의 기능을 입증해주는
자료인 셈이다.

본격적으로 현존하는 군주고사도를 살펴보자. 국립중앙박물
관에는 제요와 제순의 고사도가 장첩된《명현제왕사적도(名賢帝
王事蹟圖)》(그림 2-1)와《고석성왕치정도(古昔聖王治政圖)》(그림 2-2)
가 소장되어 있다.《명현제왕사적도》는 삼황오제를 포함해 고대

〈빙문처사〉 〈몽재량필〉 〈대우치수〉 〈순제대효〉

〈순제대효〉, 순임금의 효에 감복한 코끼리가 밭을 갈다
〈대우치수〉, 우임금이 물을 다스리다
〈몽재량필〉, 상 고종이 꿈에서 본 부열을 초상화로 찾아내다
〈빙문처사〉, 제왕이 은거 중인 선비를 방문하다

그림 2-1. 《명현제왕사적도》

〈고복격양〉   〈탁록지전〉   〈신농개시〉   〈하도출수〉

〈하도출수〉, 하도가 새겨진 용이 물에서 나오다
〈신농개시〉, 신농씨가 처음으로 시장을 열다
〈탁록지전〉, 헌원씨와 치우가 크게 싸우다
〈고복격양〉, 요임금의 태평성대를 노인이 즐기다

〈우열쟁전〉 　　　　〈성탕해망〉 　　　　〈대우치수성공〉

〈대우치수성공〉, 우임금이 물을 다스리다
〈성탕해망〉, 탕임금이 새 잡는 그물의 일부를 걷어 동물에게 덕을 베풀다
〈우열쟁전〉, 우나라와 열나라의 전쟁에서 주 문왕이 덕치를 베풀다

그림 2-2.《고석성왕치정도》

〈남훈전탄금〉 〈신농교경〉 〈하도출수〉

〈하도출수〉, 하도가 새겨진 용이 물에서 나오다
〈신농교경〉, 신농씨가 백성에게 농사를 가르치다
〈남훈전탄금〉, 순임금이 남훈전에서 오현금을 타다

군주의 훌륭한 입적을 나타낸 여덟 폭의 그림이다. 1폭은 복희씨가 팔괘를 창안했다는 내용의 〈하도출수(河圖出水)〉, 2폭은 신농씨가 처음으로 시장을 열었다는 〈신농개시(神農開市)〉, 3폭은 헌원씨(軒轅氏)가 탁록의 들에서 치우(蚩尤)와 크게 싸운 광경을 그린 〈탁록지전(涿鹿之戰)〉, 4폭은 제요가 다스릴 때 한 노인이 배를 두드리고 땅을 치면서 태평성대를 즐겼다는 내용의 〈고복격양(鼓腹擊壤)〉, 5폭은 제순이 왕위에 오르기 전 그의 효심에 감복한 코끼리가 밭을 대신 갈아주었다는 내용의 〈순제대효(舜帝大孝)〉, 6폭은 우임금이 물을 다스리는 내용을 담은 〈대우치수(大禹治水)〉, 7폭은 상나라 고종이 꿈에서 본 부열을 초상화로 찾아내 재상으로 등용했다는 〈몽재량필(夢賚良弼)〉, 8폭은 제왕이 은거 중인 선비를 방문하는 〈빙문처사(聘問處士)〉다.

《고석성왕치정도》는 삼황오제와 하, 상(은), 주 군주의 올바른 다스림을 주제로 한 6폭 그림이다. 1폭은 〈하도출수〉, 2폭은 신농씨가 백성에게 농사를 가르쳤다는 내용의 〈신농교경(神農敎耕)〉, 3폭은 제순이 남훈전에서 오현금을 탔다는 〈남훈전탄금(南薰殿彈琴)〉, 4폭은 〈대우치수성공(大禹治水成功)〉, 5폭은 상나라 탕왕이 새 잡는 그물의 일부를 걷어 동물에게까지 덕을 베풀었다는 〈성탕해망(成湯解網)〉, 6폭은 우나라와 열나라의 임금이 영토를 두고 다투다가 주 문왕의 덕치(德治)에 감명받아 화해했다는

〈우열쟁전(虞芮爭田)〉이다. 그림 위에 화제가 있는데, 3폭 〈남훈전탄금〉에는 다음과 같은 글이 적혀 있다.

남훈전 초옥은 요임금이 지붕을 이을 때 가장자리를 자르지 않았던 뜻을 본받았다. 오현금에 맞추어 노래하여 백성의 불만을 풀어주었으니 높고 두터운 공덕이다.[18]

제왕의 검소한 생활상과 정사에 힘쓰는 태도를 상징하는 '토계모자(土階茅茨)'는 일반적으로 제요와 관련한 고사로 알려졌다. 그러나 묵가는 '토계모자'가 제요뿐 아니라 제순에게도 적용될 수 있다고 지적했다. 토계모자도를 보면 초가 안에 앉은 임금이 금(琴)을 타고 있어 제순의 '남훈전탄금'이 연상된다.

김홍도(金弘道, 1745~1806)의 〈토계모자도〉(그림 2-3) 역시 같은 맥락에서 이해할 수 있다. 화면 왼쪽 위에 "흙으로 3단 계단을 만들고 띠로 지붕을 엮은 뒤 가지런히 자르지 않는다(土階三茅, 茅茨不剪)"라는 화제가 쓰여 있어 이 그림이 제요의 일화를 토대로 한 고사도임을 알 수 있다. 그런데 흙으로 만든 3단의 계단 아래 신하들이 서 있고, 초가 안에는 임금이 산수가 그려진 단폭 병풍 앞에 앉아 구족 탁자 위에 놓인 금을 타고 있다. 띠로 지붕을 엮어 올린 초가 안에 임금이 앉아 금을 타는 풍경은 고사 '남훈전

그림 2-3. 김홍도,
〈토계모자도〉

탄금'을 떠올리게 한다. 결국 김홍도의 〈토계모자도〉 역시 앞서 언급한 《고석성왕치정도》의 〈남훈전탄금〉과 더불어 요순의 고사를 혼용해 선정을 베푸는 제순을 주인공으로 부각한 작품이었다.

'순제대효'와 《삼강행실도》

제요, 제순의 이야기는 왕의 일화를 그림으로 장첩한 군주고사도 외에 감계용 서적에도 수록됐다. 감계용 서적에서 그림으로 표현된 대표적 제재가 바로 제순의 '순제대효'다. 제순의 '남훈전탄금'이 선정을 베푼 성군 이야기라면, '순제대효'는 효성과 그 미덕을 강조한 효자 일화다. 따라서 '순제대효'는 효와 연관된 시각물에 주요 이미지로 자주 등장한다. 유향(劉向, 기원전 77~기원전 6)이 엮은 《효자전》을 비롯해 여러 장르의 미술품에서 시각화됐다. 미국 넬슨앳킨스 미술관(Nelson-Atkins Museum of Art)에 소장된 '석관'에 묘사된 제순의 모습(그림 2-4)은 앞서 언급한 사마천의 《사기》〈오제본기〉에 실린 내용을 그린 것이다. 순은 상반신을 드러낸 채 나무 아래 위치한 사각 우물의 난간을 잡고 있고, 그 위쪽에 아버지 고수와 동생 상이 몸을 구부려 이를 바라보는 모습이다.

'순제대효'는 효자 24명의 고사를 수합한 〈이십사효도(二十四

그림 2-4. 〈석관〉, 북위

그림 2-5.《전상이십사효시선》'대순'

그림 2-6.《삼강행실도》〈효자〉'순제대효'

孝圖〉)에 포함된다. 송이나 금의 고분 미술뿐 아니라 일반 회화로도 그린 것 같다. 남송 대에 유송년(劉松年)이 그린 〈이십사효도조맹견서화책(二十四孝圖趙孟堅書畫冊)〉이 기록으로 전해진다. 그리고 원 대의 곽거경(郭居敬)이 그림과 문장을 한 장에 판각한 〈이십사효도〉가 남아 있다. 위에는 그림, 아래엔 문장이 있는 상도하문(上圖下文) 형식으로 완성된 《전상이십사효시선(全相二十四孝詩選)》은 상단의 3분의 1까지는 효자 고사를 그리고 나머지 하단에는 오언절구와 그 해설을 첨가한, 일종의 동몽서다.[19] 24개의 일화 중 가장 먼저 등장하는 '대순'(그림 2-5)은 순 대신 코끼리가 밭을 갈아주었다는 고사다.

제순 고사가 포함된 〈이십사효도〉는 효행도의 범본이 되어 조선에 유통된 것으로 보인다. 특히 '순제대효'는 세종의 명으로 편찬된 《삼강행실도(三綱行實圖)》(1432)의 화제로 채택됐을 뿐만 아니라, 그 밖에도 적잖은 행실도류에 포함됐다.[20] 《삼강행실도》의 '순제대효'(그림 2-6)를 보면 오른쪽 위에 표제와 더불어 '우(虞)'라는 국명을 표기했고, 한 화면에 두 개의 장면, 즉 상단과 하단에 각각 다른 고사를 그렸다. '순제'라고 쓰인 인물상 왼쪽에는 밭을 가는 두 마리의 코끼리가 배치됐다. 하단에는 순이 아버지 고수와 계모에게 문안드리는 장면이 연출됐다. 아버지가 가장 크게, 상이 가장 작게 그려졌다. 서열과 나이에 따라 인물상의 크기를 달리하는 전통이 계승된 셈이다. 하나의 화면에 두 개의 장면을 동시에 삽입하기 위해 산줄기를 마치 무대의 배경처럼 사용했고, 주인공이 반복해 등장하지만 서사의 연결성은 없다.

왕의 행적을 소재로 한 군주고사도는 왕실에서 감상된 어람용 병풍으로, 혹은 백성을 교육하기 위한 교본서로 널리 애용됐다. 특히 가장 이상적 성군이라 알려진 제요와 제순은 조선 왕실뿐 아니라 사대부도 흠모하고 존경하는 성군이었다. 이것이 제요와 제순이 다양한 고사인물화로 탄생하게 된 이유다.

주공

군자의 기상을 지닌 정치가, 주공

심하도다, 나의 쇠함이여!
내가 주공(周公)을 꿈에서 다시 뵙지 못한 지 오래됐구나.[21]

주공이 더 이상 꿈에 나타나지 않자 공자가 내뱉은 한탄이다. 주공은 공자가 평생 스승으로 존경하고 따른 인물이다. 주공의 성은 희(姬)이고, 이름이 단(旦)이며, 시호가 문공(文公)이다. 주나라 땅에 머물러서 주공 혹은 주공단(周公旦)으로 불렸다. 주나라를 세운 문왕 희창(姬昌)의 넷째 아들이자 주나라 무왕 희발(姬發)의 이복동생이다.

주공은 무왕을 보좌하여 상나라를 물리치고 주나라의 건국과 체제 확립에 힘썼으며, 무왕이 죽은 뒤 나이 어린 조카 성왕이 제위에 오르자 성왕을 보좌하며 섭정했나. 특히 상나라의 마지막 왕이자 폭군으로 유명한 주왕(紂王)의 아들 무경(武庚)과 주공의 동생 관숙(管叔)·채숙(蔡叔) 등이 동이(東夷)와 결탁하여 대반란을 일으키자, 주공은 소공(召公)과 협력하여 내란을 진압하고 예악을 정비했다. 이렇듯 주공은 스스로 정권을 차지하려 하지 않고 친형인 무왕과 조카인 성왕을 도와 주나라의 기틀을 마련했다.

어리고 경험이 부족한 조카 성왕을 성군으로 성장시키려는 주공의 의지는《서경》〈주서(周書)〉전반에 기록되어 있다. 그중 '무일(無逸)'은 주공이 성왕에게 안일에 빠지지 말라고 경계하는 글이다. 특히 첫 구절에 "백성을 다스리는 사람은 편히 놀지 말아야 합니다. 먼저 농사짓는 어려움을 알고 나서 편히 논다면 낮은 백성의 어려움도 이해하게 될 것입니다"라고 하여, 편히 놀지 말고 나라 다스리는 일에 힘써야 함을 강조했다.[22] 이 구절은 성왕뿐 아니라 농경시대의 군주라면 반드시 기억해야 할 규범이 됐다. 다음으로는《시경》〈빈풍(豳風)〉이다. 특히 '칠월(七月)'은 주공이 섭정을 그만두고 성왕을 등극시킨 뒤, 백성의 농사가 얼마나 어려운지 알려주기 위해 지은 글이다.

공자는 주공을 덕성과 능력을 두루 갖춘 완벽한 정치가로서 존경했다. 명철한 두뇌와 판단력의 소유자답게 혼란스러운 시대를 극복하고 이상적 국가를 실현했다고 판단한 것이다. 그는 주공이 이룩한 주나라를 완전한 국가로 보았다. 공자는 또 하, 상(은), 주 삼대 가운데 자신의 근원인 주나라 문화에 특별한 관심을 갖고 주공의 정치와 문화의 이상이 실현된 주나라를 따르고자 했다. 공자가 항상 주공처럼 되고 싶어 한 이유다.

앞서 말했듯이 공자는 40여 세에 이르러 노나라로 돌아와 학교를 열고 제자를 가르쳤다. 그리고 《시경》과 《서경》을 재편집하여 주공의 정치를 범본으로 삼았다. 주공의 덕과 예라는 정치 이데올로기를 그대로 수용한 것이다. 이에 멈추지 않고 덕과 예에서 인(仁)을 끌어내 인간 중심의 정치를 꿈꾸었다. 그에게 정치하는 인간이란 인자이며 군자였기 때문이다. 결국 공자가 주공을 흠모한 이유는 한 개인에 대한 찬양이 아닌, 주공이 이룩한 정책과 문화에 대한 관심 때문이었다.²³

그러나 의외로 《논어》에는 주공에 대한 기술이 그리 많지 않다. 다만 공자가 제자들과 대화하면서 주공을 암암리에 칭송한 구절이 보일 뿐이다. 주공을 존경하는 공자의 마음은 그의 제자들에게 파급됐다. 대표적인 인물이 맹자다. 맹자는 군자에 대해 정의하면서 주공 이야기를 인용했다.

증자가 말씀하셨다. 나이 어린 임금을 부탁하고, 백리 된 나라의 운

명을 맡길 만하며, 국난을 당해서도 절개를 빼앗을 수 없다면, 군자다운 사람이겠는가. 군자다운 사람이니라.[24]

공자는 주공을 가장 이상적 군자라고 여겼다. 그리고 공자를 존경한 맹자도 주공에게서 예교의 기준이 되는 보편적 도덕 심성을 보았다. 특히 맹자는 덕과 명석함을 갖춘 주공과 역대의 성군을 연결했다. 주공이 하, 상(은), 주 삼대 성왕들의 미덕을 겸비했고, 우왕·탕왕·문왕의 행적을 생각하되, 그들의 판단과 자신의 행동이 맞지 않으면 곰곰이 생각하여 실천했다고 보았다.[25] 그리고 공자가 성립한 성인 개념을 성왕의 정치 담론과 연관 지어 정형화했다.

옛날에 우왕이 홍수를 다스리자 천하가 평온해졌고, 주공이 오랑캐를 겸병하고 맹수들을 몰아내자 백성이 편안하게 됐으며, 공자가 《춘추》를 짓자 인륜을 어긴 신하와 자식들이 두려워하게 됐다. (……) 나 역시 사람들의 마음을 바로잡아 사악한 학설을 종식하며 잘못된 행위를 막고 방탕한 말을 내쳐서 세 성인을 계승하려는 것이다.[26]

이렇듯 맹자는 주공의 인격을 역대의 성군과 연결하여 도통의 세승자로 간주했다. 나아가 맹자는 우왕, 주공, 공자가 지녔던 성현의 도를 따르고자 했다.

무일도와 빈풍칠월도

동아시아의 군주는 국정의 올바른 운영과 백성의 고단한 삶을 이해하고자 공예나 회화를 적극적으로 이용했다. 대표할 만한 그림이 바로 무일도(無逸圖)와 빈풍칠월도(豳風七月圖)다. 먼저 무일도는 《서경》〈주서〉 '무일'의 내용을 그린 것이다. 무일이란 '안일에 빠지지 말라'는 뜻이다. 7년간의 섭정을 마친 주공은 조카 성왕에게 정권을 돌려주면서 군주로서 지켜야 하는 근면한 삶을 기술하여 '무일'이라 했다. 그 내용의 일부를 소개하면 다음과 같다.

주공이 아뢰었다.

"아아! 군자는 편히 놀지 말아야 합니다. 먼저 농사일의 어려움을 알고 나서 편히 논다면 백성의 어려움도 이해하게 될 것입니다. 백성이 살아가는 모습을 보면 그 부모는 힘써 일하고 농사짓건만, 그자식이 씨 뿌리고 거둬들이는 어려움을 알지 못한다면 그들은 편히 놀고 즐기며 방종하게 될 것입니다. 그리하여 부모를 업신여기며

'옛날 사람이라 아는 것이 없다'고 말할 것입니다."

주공이 아뢰었다.

"아아! 제가 듣건대, '옛날 사람은 모두가 서로 훈계하고 서로 보호
해주고 사랑하며 서로 가르치고 깨닫게 하여 백성은 아무도 서로
속이고 혼란을 일삼는 일이 없었다' 합니다. 이런 방법을 따르지 않
는다면 관리도 바로 그것을 본받아, 옛 임금의 올바른 법을 바꾸고
어지럽혀 작고 큰 일이 모두 그렇게 되기에 이를 것입니다. 백성은
이에 그들의 마음으로 한하고(거스르고) 원망하게 될 것이며, 그래서
그들의 입으로 저주하게 될 것입니다."[27]

중국 당 대의 송경(宋璟)은 '무일'을 그림으로 그려 현종에게
바친 다음 이를 살펴보고 경계할 것을 권했지만, 그림이 낡아서
보이지 않자 산수로 바꾸어 붙였다. 그림이 바뀌자 현종이 정사
를 돌보지 않아 간신에게 농락당하여 왕도가 무너지게 됐다.[28]
송 인종(仁宗, 1010~1063)의 신하인 손석(孫奭)이 시강학사로 근무
할 때 지난 세대에 군주를 어지럽히고 나라를 망하게 한 대목을
예로 들며 '무일'을 그려 올렸다. 이에 인종은 이를 강독각(講讀
閣) 아래 설치해두라고 명했다.[29]
조선 왕실도 무일도를 군주의 올바른 정치를 권고하는 그림

으로 활용했다. 예컨대 1399년 1월 1일 정종(定宗, 1357~1419)이 태상왕께 조회하고 정전으로 돌아와서 신하들에게 잔치를 열자, 평양부윤 성석린(成石璘, 1338~1423)은 〈기기도(欹器圖)〉를, 경기좌도 관찰사 이정보(李廷俌)는 〈역년도(歷年圖)〉를, 경기우도 관찰사 최유경(崔有慶)은 〈무일도〉를 올렸다. 공자의 교훈을 그린 기기도와 주공의 권고가 담긴 무일도가 함께 진상됐음을 알 수 있다는 점에서 이 기사는 의미가 깊다. 또 태종의 탄생일에는 풍해도 절제사 유은지(柳殷之, 1370~1441)가 방물(方物)과 〈무일도〉 족자를 국왕께 바치거나 대관전(大觀殿) 어좌 뒤 병풍에 〈무일도〉를 진설하기도 했다. 이렇듯《서경》'무일'은 올바른 정치를 뜻하는 가장 대표적 출전이 되어 그림으로 왕실에 유통됐다.

빈풍칠월도는《시경》〈빈풍〉의 내용을 묘사한 그림이다. 주공은 어리고 경험이 부족한 성왕에게 백성의 어려움을 알려주고자 빈(주나라) 땅에서 불리던 민요를 모아 〈빈풍〉을 지었다. 〈빈풍〉은 '칠월', '치효(鴟鴞)', '동산(東山)', '파부(破斧)', '벌가(伐柯)', '구역(九罭)', '낭발(狼跋)' 일곱 편으로 구성된다. 첫 번째 '칠월'은 빈 땅에서 유행한 월령가를 여덟 장으로 나누어 노래한 것이다. 백성의 생업인 농사, 사냥, 잠업, 가사와 관련한 풍속을 월령 형식으로 구성했다.

조선 왕실에서 감상된 빈풍칠월도는 여러 기록에서 쉽게 확인된다. 세종은 농사짓는 백성을 위로하고자 빈풍칠월도를 활용한 대표적 국왕이다. 그는 1424년 예문관 대제학 변계량(卞季良, 1369~1430)에게 중국의 빈풍칠월도와 무일도를 본떠서 백성의 농사 장면을 월령 형식으로 제작하라고 명했다. 나아가 1433년 빈풍칠월도를 조선식으로 번안하라고 명했다. 무일도와 빈풍칠월도는 농사의 어려움을 알려주었다. 무일과 빈풍이 혼합된 '빈풍무일지도(豳風無逸之圖)'나 '빈풍무일작병(豳風無逸作屛)'도 제작됐다.[30] 현존하는 빈풍칠월도 중에는 이방운(李昉運, 1761~1815?)의 것이 남아 있다. 총 8폭으로 구성된 이 그림은 여덟 장으로 된 《시경》〈빈풍〉을 충실하게 그린 풍속화다. 다음은 2면에 해당하는 〈빈풍〉2장의 내용이다.

7월에 대화심성이 흘러가거든 9월에 옷을 만들어주네.
봄에 볕이 비로소 따뜻해져 꾀꼬리가 울거든
아가씨는 아름다운 광주리 잡고,
저 오솔길 따라 이에 부드러운 뽕잎을 구하며
봄의 해가 길고 길거든 흰 쑥 캐기를 많이도 하니
아가씨 마음이 서글퍼라.
장차 공자(公子)와 함께 돌아갔으면.[31]

그림 2-7. 이방운, 《빈풍칠월도첩》 2면

이방운의 《빈풍칠월도첩》 2면(그림 2-7)을 보면, 젊은 아낙 두 명이 광주리를 들고 뽕잎을 찾아 헤매는 중이며, 몇 명의 아낙은 물가 잔디밭에서 쑥을 캐고 있다. 이 여인들이 머문 들녘은 봄이 한창인 듯 붉은 꽃이 화사하게 피었고, 버드나무가 연둣빛을 띤 채 울창하게 늘어서 있다. 이방운은 〈빈풍〉의 시구를 성실하게 표현했다. 다음은 7면을 살펴보자.

9월에는 장포(場圃)를 다지고 10월에는 벼를 거둬들이니
서직(黍稷)에는 늦벼와 올벼가 있으며, 벼와 삼, 콩과 보리로다.
아, 우리 농부들아, 우리 농사가 이미 모여졌으니
이로 읍에 가서 궁실 일을 해야 하니
낮이면 가서 띠를 베고 밤이면 새끼 꼬아
빨리 그 지붕을 이어야 내년 다시 백곡을 파종하리라.[32]

7면(그림 2-8)은 1년 농사를 수확하는 분주한 농가를 묘사했다. 이방운은 이 시구의 내용을 그대로 그려냈다. 화면 하단에는 농작물을 수확하거나 이미 거두어들인 곡식을 지고 나르는 분주한 풍경이다. 이렇듯 빈풍도는 조선의 산천에서 농사짓는 모습을 그린 풍속화로 널리 감상됐다.

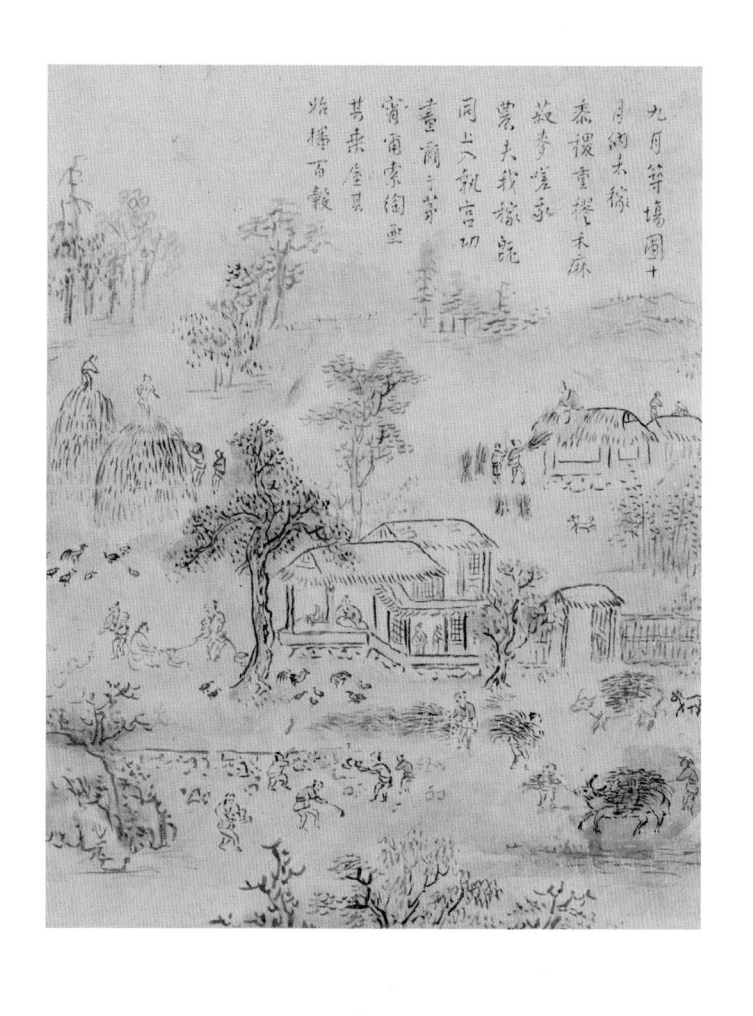

九月等場圃

十月納禾稼

泰稷重穋禾麻

菽麥虋永

嗟夫我稼既

同上入執宮功

晝爾于茅

宵爾索綯

亟其乘屋

始播百穀

그림 2-8. 이방운,《빈풍칠월도첩》7면

주공고사도

군주의 길을 포기하고 조카를 도와 훌륭한 정치가의 표상이 된 주공은 공자를 비롯한 많은 이의 존경을 받았다. 그리고 그의 일화는 그림으로 표현됐다. 현존하는 제화시를 보면 주공고사도의 대다수는 그가 성왕을 섭정한 장면이다. 이 고사도의 이른 예는 《한서(漢書)》〈곽광전(霍光傳)〉의 한 무제 일화에서 볼 수 있다. 한 무제가 위태자(衛太子)를 폐한 후 다시 태자를 세우지 못하던 차에 구익부인(鉤弋夫人)이 나이 칠십에 소제(昭帝)를 낳았다. 그러자 무제는 감천궁(甘泉宮)으로 화공을 불러 주공이 성왕을 등에 업고 제후들의 조회를 받는 광경인 〈주공부성왕조제후도(周公負成王朝諸侯圖)〉를 그리게 했다. 화공이 그림을 완성하자 무제는 당시 대장군이던 곽광(霍光, ?~기원전 68)에게 이것을 하사했다.[33] 이렇게 '주공부성왕조제후'는 주공과 성왕의 일화를 대표하는 화제가 됐다.

주공고사도는 조선 왕실에서도 많이 감상했다. 성종은 '주공동정론(周公東征論)'과 '주공부성왕조제후율시(周公負成王朝諸侯律詩)'를 출제하여 2품 이하 당상관을 시험했다. 이때 남원군(南原君) 양성지(梁誠之, 1415~1482)가 수석을, 이승소(李承召, 1422~1484)와 이파(李坡, 1434~1486)가 차석을 차지했다.[34] 이승소의 시 〈'주공부성왕조제후도'에 제하다〉를 읽어보자.

주공께서 섭정하며 어린 성왕 보좌하니
일편단심 곧은 충정 푸른 하늘 꿰뚫었네.
직접 어린 성왕 업고 만국 조회 받았으며
손에 신기 잡고서는 여러 방면 진압했네.
바람 우레 단지 주공 덕을 드러낸 것으로
오이 끝내 넝쿨 길게 자라 뻗어 나갔다네.
알겠구나, 한황께서 이를 그려두신 그 뜻
어린 아들 곽광에게 부탁하려 해서인걸.

한의 왕업 서로 전해 무황에게 이르러서
희성 등에 성왕 업고 있는 그림 그리었네.
어린 아들 동금 속에 있음 매번 걱정하여
되레 새로 그림 그려 곽광에게 내렸다네.
늘그막에 뜬 인생이 덧없는 걸 깨닫고는
비로소 몸 죽은 뒤의 일 망망함 생각했네.
단지 박륙 좋은 보필 아닌 것이 꺼려지니
주나라의 역수 긴 데 비길 수가 없었다네.[35]

서기정(徐居正, 1420~1488)도 〈주공부성왕조제후도〉[36]와 〈주공병규(周公秉珪)〉를 감상하고 시를 남겼다. 특히 〈주공병규〉는《서경》〈금등(金縢)〉에 실린 내용으로 '주공이 규를 잡다'를 뜻하는 화제다. 주공은 형인 무왕의 병이 깊어 위독하자 무왕 대신 자신의 목숨을 거두어달라고 선왕께 기도하며 남향에 세 개의 단을 만들고, 그 남쪽에 또 단 하나를 만들었다. 주공이 북면하고 옥벽을 앞에 둔 채 옥규를 잡고 태왕(太王), 왕계(王季), 문왕(文王)에게 기도를 마친 후 거북 세 마리로 점을 쳐보니 길한 점괘가 나왔다. 바로 다음 날 무왕의 병은 깨끗하게 나았다.[37] 서거정이 소장한 배련(裵連)의 8폭 고사도에 그가 쓴 시 〈주공병규〉가 포함되어 있다.

세 단에 세 거북점 치고 손수 규벽 잡았으니

금등의 축책이 있어 태양같이 빛나거니와

어린 임금 등에 업고 제후에게 조회 받았으니

순수한 충성 또한 역력히 왕실에 있었도다.

하루아침에 곤복(袞服)과 적석(赤舃)으로 동방에 있을 적엔

풍뢰의 변이 있어 하늘만 유독 알았었네.

만고에 대성인의 마음을 알고자 할진댄

치효시 다음으로는 상체시가 그것일세.[38]

그림 2-9. 〈관주명당〉

주공과 성왕의 일화는 성적도에 수록된 〈관주명당(觀周明堂)〉(그림 2-9)에서도 감상할 수 있다. 우선 관주명당의 화제를 살펴본다.

공자가 주나라 명당을 둘러보았다. 사방의 벽을 보니 요와 순, 걸과 주의 형상이 있었다. 또 주공이 성왕을 안고 제후의 조회를 받는 그

림도 있었다. 공자가 제자들에게 "이것이 바로 주나라가 흥성한 까닭이다"라고 말했다.[39]

〈관주명당〉은 〈공자세가〉의 내용을 일부 수정한 것이다. 주나라의 명당은 성군 요, 순의 초상과 폭군 걸, 주의 초상을 동시에 걸었다. 함께 주공과 성왕의 고사도를 진열하여 올바른 정치가가 누구인지 알려주었다. 〈공자세가〉에서는 주공이 성군을 업고 있지만, 성적도의 〈관주명당〉에서는 주공이 성군을 안고 있다.

노자

노자(老子)는 춘추시대의 사상가다. 언제 태어나 세상을 떠났는지 정확하게 알려지지 않았다. 아마 기원전 6세기경 활동했던 것 같다.《사기》〈노자한비열전〉에 따르면 본명은 이이(李耳), 자는 담(耼)이다. 중국의 설화집인《태평광기(太平廣記)》에는 본명이 이중이(李重耳), 자가 백양(伯陽)이며, 초나라 고현(苦縣, 지금의 하남성 녹읍현) 곡인리 사람이라고 기록돼 있다. 노자의 생애가 잘 알려지지 않은 탓에 사마천은《사기》에서 그를 숨어 사는 군자를 뜻하는 '은군자(隱君子)'라고 했다.

노자는 우주 만물에 대해 생각한 최초의 중국인이다. 그리고 자신이 발견한 진리를 '도(道)'라 이름하고 우주 만물이 이루어지는 근본 이치라고 설명했다. 노자 사상의 핵심은 '무위자연(無爲自然)'이다. 무위자연이란 작위(作爲) 없이 모든 것을 자연의 순리에 맡겨 대기의 움직임을 따르는 것이다. 은군자라 불렸듯이 그는 저절로 마음이 순화되고 저절로 맑고 밝고 고요해지며 저절로 바르게 되는 상태를 터득한 것이다.

또 노자는 물에서도 '도'의 잔영을 보았다. 아무런 사심 없이 만물을 이롭게 하고 아무것도 소유하지 않는 모습에서, 높은 곳에서 낮은 곳으로 흐르는 모습에서 도의 흔적을 발견했다. 그리고 남이 꺼리는 낮고 추잡함을 깨끗하게 씻어 내리며 기꺼이 머무는 겸손한 자세에서, 자신을 더럽혀가면서까지 남을 깨끗하게 만드는 정화 과정에서도 도의 흔적을 발견했다.[40] 그리하여《도덕경(道德經)》8장에서는 "최고의 선(善)은 물과 같다. 물은 만물을 이롭게 하는데, 뛰어나지만 다투지 않고, 모든 사람이 싫어하는 곳에 머문다. 그러므로 도에 가깝다(上善若水, 水善利萬物而不爭, 處衆人之所惡, 故幾於道)"라고 했다.

노자는 도서관을 관장하는 책임자, 즉 주하사(柱下史)를 지냈는데, 주나라가 쇠퇴하자 이를 한탄하며 자리에서 물러났다. 기원전 484년 오자서가 '반란'을 했다는 모함을 받고 자살한 바로 그해, 노자도 관직을 버린 후 푸른 소를 타고 서쪽으로 떠나버렸다. 진(秦)의 함곡관(函谷關, 하남성 신안현)을 지날 때 관문을 지키던 사령관 윤희(尹喜)가 "은거하시려는 모양인데, 몇 글자만 남겨주시기 바랍니다" 하고 부탁했다. 그러자 노자는 그 자리에서 무언가를 써준 다음, 관문을 나가 바람처럼 사라졌다. 이때 노자가 남긴 글이 5000언(言)으로 이루어신 상·하편의 저서로 남았다. 바로 도와 덕의 뜻을 말한《도덕경》이다.

기원전 519년 공자는 제자 남궁경숙과 함께 노나라 군주의 허락을 받고 주나라를 방문했다. 평소 주나라의 문물제도를 흠모했기에 주하사의 임무를 맡은 노자에게 예와 법도에 관해 묻고자 함이었다. 노나라 군주는 공자의 여정에 수레 한 대와 말 두 마리, 어린 시종 한 명을 갖추어주었다.[41] 공자는 우선 주 천자가 제후를 맞이하고 대전을 거행하는 명당(明堂), 제후가 머무는 궁실, 주나라 조상 후직에게 제사를 드리는 태묘(太廟), 하늘에 제사를 올리는 천단(天壇) 등을 견학했다. 공자가 낙양에 도착했다는 소식을 들은 노자는 제자 강상초(康桑楚) 등과 함께 나가 열렬히 공자를 환영했다.《주례》를 비롯한 각종 도서에 관해 공자와 이런저런 이야기를 나누던 노자는 자신의 생각을 이렇게 전했다. 다음은《사기》〈노자한비열전〉에 실린 내용이다.

그대(공자)가 말하는 예란 이런 것이오. 그 사람과 뼈는 이미 다 썩었는데, 오직 그 말만 남아 있을 뿐인 것. 군자는 때를 만나면 벼슬을 하지만, 때를 만나지 못하면 바람에 날리는 쑥대처럼 굴러다닌다고 합디다. 장사를 잘하는 상인은 물건을 깊숙이 간직하길 마치 그 물건이 없는 것처럼 하고, 군자는 덕이 넘치나 그 용모는 마치 어리석

그림 2-10. 후한 대 산동성 가상현 무량사 화상석에 판각된 〈공자견노자〉

은 것처럼 보인다고 들었소이다. 그대의 교만한 기상과 넘치는 욕심, 얼굴과 모양새를 꾸미는 일, 갈피를 못 잡는 어지러운 뜻일랑 버리시오. 이런 것은 그대에게 보탬이 되지 않습니다. 내가 드릴 수 있는 것은 이것뿐이외다.

'하고 싶은 대로 해도 법도에 어긋나지 않았다(從心所欲 不踰矩)'는 칠순의 노자가 '뜻을 확고하게 세워(三十而立)' 의기에 찬 30대의 공자에게 한 수 가르침을 준 것이다.

도를 깨우친 노자와 예를 중시하는 공자의 만남은 후대 유학자에게 꾸준히 회자됐고, 공자 관련 시각물의 소재로도 활용됐다. 공자가 노자를 방문하여 예를 묻는 '공자견노자(孔子見老

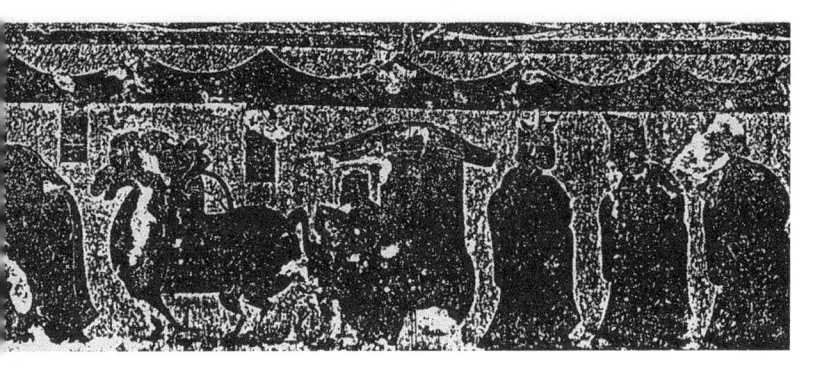

그림 2-11. 〈공자견노자〉(부분)

子)'는 무덤 미술에 다수 등장한다. 우선 공자는 후한 환제(桓帝, 132~167) 때 고현(苦縣) 뇌향(賴鄉)의 노자 사당 벽에 그려졌다.[42] 그리고 후한의 화상석이나 무덤에도 등장한다. 예를 들어 산동성 가상현(嘉祥縣)에 있는 무량사(武梁祠)의 화상석에 〈공자견노자〉(그림 2-10)가 판각되어 있다.[43]

무량사 화상석(그림 2-11)을 보면 공자는 꿩 한 마리를 두 손으로 공손히 들고 노자에게 예물로 바치고 있다. 노자는 지팡이를 짚은 채 공자와 인사를 나누고 있다. 두 사람 사이에서 수레바퀴를 굴리는 작은 인물은 항탁(項橐)이다. 항탁은 춘추시대의 신동으로 알려진 인물이다.《회남자(淮南子)》〈수무훈(脩務訓)〉에는 "무릇 항탁은 일곱 살 때 공자의 스승이 됐는데, 공자가 그의 말을 경청했다"라는 기록이 있다. 화상석에서 항탁은 한손으로는 수레바퀴를 굴리고 다른 한손으로는 공자를 가리키고 있다. 공자와 노자 옆에는 각각 '공자야(孔子也)', '노자야(老子也)'라는 표기가 마치 문패처럼 달려 있다.

이상적인 사후 세계나 불로장생의 신선 등 도가적 내용이 주를 이루는 무덤 미술에 왜 공자와 노자가 등장할까? 혹자는 〈공자견노자〉가 조문객이 망자의 집을 방문하여 그의 후손에게 예물을 주는 장례 의식의 한 장면이거나, 당시 태상노군(太上老君)의 지위였던 노자가 망자의 승천을 돕는 존재로 여겨졌기 때문

그림 2-12. 김진여, 〈문례노담〉

이라고 주장한다.[44]

《당조명화록(唐朝名畫錄)》〈주방(周昉)〉에도 공자가 노자를 만나 예를 묻는 '중니문례(仲尼問禮)'와 '문선왕십제자권축(文宣王十弟子卷軸)'이 명시되어 있다. 이는 숭모와 예배의 기능을 지닌 공자 및 제자의 초상과, 공자의 일생과 일화에 관련된 그림이 동시에 제작됐음을 알려준다.[45] 〈공자견노자〉는 '문례노담(問禮老聃, 공자가 노담에게 예를 묻다)'이라는 화제로 성적도에도 수록됐다. 여기서 노담은 노자를 말한다. 이 화제가 성적도에 포함된 것은 원 대부터인 것으로 보인다. 원 대의 화가 왕진붕(王振鵬, 1280~1329경 활동)의 《성적도(聖蹟圖)》를 김진여(金振汝)가 모사한 그림 속에 〈문례노담〉(그림 2-12)이 수록되어 있기 때문이다. 먼저 김진여의 《성적도》에 적힌 발문을 살펴보자.

공자가 남궁경숙과 함께 주나라에 들어가 노자에게 예를 물었다.
주자가 말하기를 "노자는 일찍이 주나라에서 주하사를 지냈으므로 예절을 알았다. 그러므로 물어본 것이다"라고 했다.
주나라의 도서관 관리로 있던 노자는 예를 익히고 글을 알았으므로 공자가 몸소 찾아가 견문을 넓혔다.
공자의 덕은 순임금과 비견됐고, 그는 또 묻고 살피기를 좋아했다.
인재를 얻는 것을 선행으로 여겼으니,
세상은 달라도 자취는 같으리라.[46]

그림을 보면 울타리 너머에 남궁경숙이 마련한 수레가 세워져 있고, 울타리 안쪽으로 공자와 노자가 마주 앉아 문답을 주고받는다. 노자는 단폭 병풍이 펼쳐진 안상 위에 앉았다. 등장인물을 포함해 모든 소품이 채색으로 정교하게 묘사되어 공자와 노자의 만남을 생생하게 전달한다.

3

공자가 사랑한 제자들

행단, 공자의 강학처

증점, 슬을 타며 기수에서 노닐다

공자, 제자와
동행한 스승

공자가 사랑한
제자들

공자의 파란만장한 일생에는 언제나 사랑하는 제자가 있었다. 앞서 언급했듯이 공자는 3000명 이상의 문하생을 거느렸다. 그중 육예(六藝), 즉 예(禮), 악(樂), 사(射), 어(御), 서(書), 수(數)에 능통한 제자는 72명이나 됐다. 어찌 보면 그의 가르침은 제자와 나눈 평범한 대화나 그들과 함께한 소소한 일상에서 비롯됐다고 할 수 있다. 이것이 공자가 거대 담론과 심오한 이론을 주창하여 논리적 텍스트를 남긴 여타 철학자와 판연하게 다른 점이 아닐까.

72명의 제자 가운데 공자가 가장 신임한 인물은 안회(顔回, 기원전 521~기원전 483)다. 안회는 노나라 사람으로, 안연(顔淵)이라고도 한다. 자는 자연(子淵)이다. 학덕이 높고 재질이 뛰어나 가장 촉망받는 제자였다. 매우 빈곤한 삶을 살았으나 궁핍에 개의치 않았고, 성내는 일도 없었으며, 정치에도 나아가지 않았다. 공자는 이런 안회를 "알아서 써주면 나아가 도를 행하고 버리면 물러나 은둔하는 것. 유독 나와 너만이 할 수 있을 뿐이다"라고 칭찬했다. 그리고 "안회는 3개월 동안 인(仁)을 어기지 않았는데, 다른 사람은 하루 혹은 한 달에 한 번만 인을 행할 뿐이다"라고 그의 인품을 높이 평가했다.[1] 공자가 안회를 극찬한 일화는 《논어》〈옹야(雍也)〉에도 실려 있다.

> 어질다, 안회여! 한 그릇의 대나무밥과 한 표주박의 물로 누추한 곳에 사는 것을 딴 사람은 견뎌내지 못하는데, 안회는 그 즐거움이 변치 않으니, 어질다, 안회여![2]

스승이 두 번이나 어질다고 칭찬한 안회는 31세에 명을 달리했다. 그러자 공자는 "하늘이 나를 버렸구나" 하며 통곡했다. 후대의 지식인은 안회를 안자(顔子)라고 높여 부르며 공자 다음의 성인으로 존경했다. 돈독한 사제지간이었음을 입증하듯 공자와 안회가 함께 거니는 장면은 자주 시각화됐다. '행교(行敎)' 혹은 '소영(小影)' 등 다양하게 명명된 공자와 안회의 동행상은 '가장 참된 것(最眞)'으로 여겨져 공자를 표현한 고사도에 자주 등장했다. 예컨대 강희제는 공자에게 제사를 올리려고 곡부를 방문하여 공묘 성적전에 배치된 공자 관련 석각을 둘러본 후 연성공(衍聖公) 공민기(孔敏圻)와 문답을 나누었는데, 공민기는 "안자가 공자의 뒤를 따라가는 '행교소영'만이 가장 참된 것"이라고 말했다. 그리고 행교소영은 공자가 돌아가신 해에 제자 자공이 전사했고, 훗날 고개지가 다시 모사한 것이라고 부언했다. 공씨 집안 족보인《가보》에서도 연거복(燕居服, 왕과 관리가 입던 평상복)을 입은 공자와 안회가 동행하는 행교상을 최진(最眞), 즉 '성상 가운데 가장 참된 것'이라고 평가했다.[3]

연거복을 입은 공자와 안회의 행교소영상(行敎小影像)은 현재 산동성 곡부에 있는 공묘 비석(그림 3-1)에 표현되어 있다. 이 비석은 1095년 공자의 48대손인 공단우(孔端友)가 후원하여 조성한 것이다. 1118년 조카 공우(孔瑀)는 행교소영상을 새겼다.[4] 이 장면에서 공자와 안회는 두 손을 모은 채 공손하게 걷고 있다. 세속적 욕심을 버리고 학문에만 정진하는 모습이다. 이후 공자와 안회가 동행하는 행교소영상은 공자의 49가지 신체 특성이 기술된《공씨조정광기》와 명 대의 서적인《궐리지》의 첫 장에 수록됐다. 또 공자의 일생을 그림으로 표현한 성적도의 가장 앞 장에 〈선성소상(先聖小像)〉이라는 화제로 등장했다. 그만큼 행교소영상은 매우 값진 그림이었다.

다음은 공자와 안회뿐만 아니라 증삼(曾參, 기원전 506~기원전 436)까지 표현된 〈삼성도(三聖圖)〉(그림 3-2)다. 사배(四配) 혹은 사성(四聖)이라고 불린 인물은 안회(안자), 증삼(증자), 맹자, 자사다.

그림 3-1. 〈행교소영상〉
그림 3-2. 〈삼성도〉

이들은 공묘에 안치된, 공자의 특별한 제자다. 명 대 무렵 안회는 '복성(複聖)'으로, 증삼은 '종성(宗聖)'으로 추존됐다. 명 대의 그림 인 〈삼성도〉는 소나무 아래 공자가 두 제자와 함께 서 있는 풍경 이다. 공자의 오른쪽에는 덕행이 높은 안회가, 왼쪽에는 효성이 깊은 증삼이 그려졌다. 근엄한 표정에 똑바로 앞을 응시하는 공 자와 그 옆에서 스승을 보좌하는 안회, 증삼은 앞서 언급한 공자 행교상과 달리 학식이 깊은 철학자이자 당당한 위엄을 갖춘 지 식인의 형상이다.[5]

공자와 안회의 일화는 성적도에 〈농산언지(農山言志, 농산에서 뜻을 말하다)〉라는 화제로 실렸다. 공자는 농산을 거닐면서 자로, 자공, 안회에게 각자의 뜻을 말해보라고 했다. 자로는 영토를 천 리나 넓히고자 했고, 자공은 이곳저곳을 돌아다니며 사람들과 친분을 쌓고 싶다고 했다. 공자는 자로의 용감함을, 자공의 언변 을 높이 샀다. 한편 안회는 오륜의 가르침을 펴고 예악을 닦는 데 뜻이 있다고 말했다. 그러자 공자는 "백성을 해치지 않고 말 을 번거롭게 하지 않는 사람은 오직 안씨의 아들뿐이로구나"라 고 극찬했다.[6]

우리나라에서도 공자와 안회가 동행하는 행교소영상을 감상 했다. 고려의 문신 함순(咸淳)이 화공을 모집하여 중니(공자)와 안 회의 상을 그린 다음 이규보(李奎報, 1168~1241)에게 찬을 부탁한

것이다. 이규보는 공자와 안회의 행교상을 보고 다음과 같이 찬
을 지었다.

선성(先聖) 공자

만세의 스승이시라,

그 덕을 무엇으로 형언하리.

저 해와 달의 빛을 보고,

새삼스레 밝다고 칭찬하겠는가.

다만 묵묵히 그 상을 보면,

몽기와 방불도 하네.

하늘 같은 덕을 지니시고,

어찌하여 때를 못 만나셨나.

아, 그뿐이라,

기린은 어째서 잡혔으며,

봉의 덕은 어째서 쇠했느냐.

선사(先師) 안회

안자의 어짊을 아는 이는 공자요,

공자의 탁월함을 애쓴 이는 안자였네.

성과 현은 도가 한가지라,

서로 맞아 틀림없네.

공·안이 성은 둘이지만,

한 몸에 한뜻이로세.

칠십 제자 그분들은,

몸도 칠십이요, 뜻도 칠십이야.[7]

이규보는 스승 공자를 선성, 제자 안회를 선사라고 하며 사제지간이 한 몸임을 강조했다. 다음으로 살펴볼 제자는 《논어》에 가장 많이 등장하는 자로다. 중유(仲由)라고도 불린 자로는 공자보다 아홉 살 어렸으며, 제자 중에서 가장 연장자였다. 자로는 정직하고 올곧았으며 매우 순진했다. 그러나 성격이 급하여 스승에게 꾸지람도 많이 들었다. 10여 년 동안 공자의 천하주유와 망명 생활에 동행할 만큼 그들은 사제지간이라기보다 친구처럼 평생을 함께했다.

성적도에 수록된 자로의 고사 중 〈과포찬정(過蒲贊政, 포 땅을 지나다가 자로의 정치를 칭찬하다)〉(그림 3-3)이 있다. 공자는 재상 자로가 다스리는 포(浦) 땅을 지나가며 세 번이나 정치를 잘한다고 칭찬했다. 다른 제자 자공이 "그의 정치를 보지도 않고 어찌 아십니까?" 하고 묻자, 공자는 이렇게 대답했다.

過蒲贊政
子路治蒲孔子入其
境三稱其善子貢問
之曰入其境田疇易
草萊辟溝洫治恭敬
以信民盡力矣入其
邑墉屋完木戌忠
信以寬其
其庭甚清其
用命成不撓矣三稱
其善孰為之也三稱
賢盡其美矣三稱

그림 3-3. 〈과포찬정〉

포 땅의 경계에 들어가니 밭두둑이 정연하고 북정 밭이 개간됐으며 도랑이 반듯했다. 이는 공경으로 믿음을 보여 백성이 온힘을 다한 까닭이다. 그 고을에 들어가니 담장과 집이 튼튼하고 수목이 울창했으니, 이는 충신으로 너그러이 다스려서 백성이 경박해지지 않은 까닭이다. 그 관청에 들어가니 뜰이 매우 청결했으니, 아래 관리가 명령대로 움직여서 정치가 소란하지 않은 까닭이다. 세 번의 칭찬만으로 어찌 그 훌륭함을 충분히 표현하겠느냐.[8]

다음으로 살펴볼 화제는 〈자로문진(子路問津, 자로에게 나루터를 묻게 하다)〉(그림 3-4)이다. 노나라 애공 4년(기원전 491) 공자는 엽 땅에서 채나라로 돌아올 때 황하를 건널 수 있는 나루터가 어디인지 잊고 말았다. 이에 어지러운 세상을 피해 나란히 밭을 가는 장저(長沮)와 걸익(桀溺)에게 자로를 시켜 나루터를 묻게 했다. 다음은 이들이 나눈 대화다.

장저: "수레 고삐를 잡은 이는 누구요?"
자로: "공구(孔丘)라고 합니다."
장저: "노나라 공구라는 사람이요?"
자로: "맞습니다."
장저: "그는 나루터를 알 것이외다."

그림 3-4. 구영, 〈자로문진〉

걸익: "당신은 누구요?"

자로: "중유라고 합니다."

걸익: "천하의 도도한 물결이 다 그러한데 누가 바꾼단 말이오? 사람을 피해 다니는 선비를 따르기보다는 세상을 피해 사는 선비를 따르는 것이 나을 것이오."

걸익은 이렇게 답하고 여전히 김을 맸다. 자로가 이를 공자에게 고하니 공자가 서글픈 표정으로 말했다.

사람이란 인간 사회를 피해 날짐승, 들짐승과 함께 살 수 없는 법이다. 내가 이 백성을 버리고 어디로 간단 말인가. 천하에 도가 있다면 내가 바꾸려고 하지도 않을 것이다.

이 일화는 《논어》〈미자(微子)〉와 《사기》〈공자세가〉에 수록되어 있다. 군자는 짐승이 아닌 사람과 더불어 살아야 한다는 우의적 내용을 담은 교훈이다.

자로는 공자에게 각별한 제자였다. 그리하여 자로가 세상을 떠나자 공자는 한탄하며 이러한 노래를 불렀다.

태산이 무너지는가.

들보와 기둥이 무너지는가.

철인이 시드는가.[9]

제자의 죽음이 자못 견디기 힘들었던 듯, 공자는 자로가 세상을 떠난 지 7일 만에 명을 달리했다. 이렇듯 공자는 사랑하는 제자와 항상 동행하며 세상의 이치를 깨우쳐 나갔다. 그리고 그의 가르침은 행단(杏壇)에서 완성됐다.

행단, 공자의
강학처

행단에 대한 고증

참 스승이 누리는 즐거움은 제자를 길러 그들과 함께 즐거이 학
문을 논하는 일일 것이다. 공자도 제자와 함께하는 강학을 매우
중요하게 생각했다. 앞서 언급했듯이 공자는 30대에 학문의 입
지를 다지면서 강학을 열었고, 50세에 3000여 명의 제자를 거느
렸다. 공자의 강학을 대표하는 장소는 '행단(杏壇)'이다. 《장자(莊
子)》〈어부(漁父)〉에 "공자가 어느 날 치유(緇帷)의 숲 속에서 노닐
다가, 행단 위에 앉아서 휴식을 취했나니, 제자들은 글을 읽고 공
자는 금을 타며 노래를 불렀다"라고 하여 공자가 행단에서 제자
들과 함께했음을 알 수 있다.[10]

〈어부〉의 일화와 더불어 행단은 공자와 그의 제자가 함께 노
닐며 공부하는 학문의 상징적 공간이 됐다. 행단은 공자의 고향

인 곡부의 공묘 대성전 앞에 있었다고 전해진다. 혹자는 공자가 살아 있을 때는 행단이 없었다고 주장하기도 한다. 이규경(李圭景, 1788~1856)은 《궐리지》에 실린 "행단은 대성전 앞에 있는데, 부자(夫子, 공자)가 옛날부터 살던 곳이다"라는 내용이 오류임을 지적했다. 즉 《장자》에 수록된 공자 고사는 모두 우언이므로 "어부도 행단도 그 땅에 없을 것이며, 설령 있었다 하더라도 갈대 우거진 호숫가에나 있었을 것이요, 노나라의 중심부에는 존재하지 않았다"라는 주장이다. 지금의 행단은 "송나라 건흥(乾興) 연간에 공자의 45대손 공도보(孔道輔)가 대전을 뒤편에 옮기고, 강당의 옛 터전에 벽돌을 쌓아 단을 만들고 빙 둘러 은행을 심고서 행단이란 이름을 취한 것"이라고 강조했다.[11]

또한 행단은 은행나무 밑에 놓인 단상이라고 알려졌지만, 행목이 은행나무가 아닌 살구나무일 가능성도 제기됐다. 이수광(李睟光, 1563~1628)은 강희맹(姜希孟, 1424~1483)의 시를 읽으며 행단을 살구나무 단상으로 이해했다.[12] 이유원(李裕元, 1814~1888)도 문회서원(文會書院)에서 본 중국의 〈행단도〉를 기술하면서 공자가 강학한 장소에 꽃이 피고 나무가 무성하지만, 그림 속 행단은 감행(甘杏, 살구나무)이라고 지적했다. 또 손가감(孫嘉淦)의 〈남유기(南遊記)〉에서 "곡부에 들어가 행단에 오르니 붉은 꽃이 한창 피었다"라는 시구를 인용해 행단은 감행이 분명한데, 우리나

라 반궁(泮宮, 성균관과 문묘)에 심어놓은 것은 은행이라며 한탄했
다.[13]

1778년 이갑(李岬, 1737~1795)은 부사 신분으로 연경을 왕복하
면서 보고 들은 행단에 대해《연행기사(燕行記事)》〈문견잡기(聞見
雜記)〉에 다음과 같이 남겼다.

> 행단에는 전자(篆字)로 '행단' 두 글자를 쓴 비가 있고, 단 앞에 금 장
> 종(金 章宗) 때 돌로 조각한 용로(龍爐)가 있는데, 극히 정묘하다. 그
> 앞에 또 송나라 어제의 찬과 미불이 쓴 회수(檜樹, 전나무)를 찬양한
> 비와 송 진종(宋 眞宗) 때 군신이 지은 부사 및 72제자를 찬양한 비
> 가 있다.[14]

실제로 산동성 공묘의 행단 옆에는 공자가 손수 심었다는 전
나무가 있다. 이규경이《궐리지》를 인용하면서 묘사한 공자의
전나무는 세 그루였다. 찬덕전 앞에 있는 두 그루는 높이가 여
섯 척이 넘고, 둘레는 한 길 넉 자였다. 행단 동남쪽 모퉁이에 있
는 나머지 한 그루는 높이가 다섯 길이 넘고, 둘레는 한 길 석 자
이며, 그 가지가 이리저리 굽은 것이 용의 모양과 흡사한데, 세
상에서 이를 '다시 살아난 전나무'라고 했다는 것이다.[15] 행단과
공묘 앞에 위치한 전나무를 그린 그림도 남아 있다. 정선(鄭敾,

그림 3-5. 정선, 〈부자묘노회도〉

1676~1759)의 〈부자묘노회도(夫子廟老檜圖)〉(그림 3-5)다. 정선은
육각의 울타리 안에 노회를 배치했고, 전나무 오른쪽에 공묘의
내부를 조감했으며, 그 뒤에 비스듬한 산등성이를 그려 넣었다.
공자의 일생을 그린 성적도에도 공자가 강학을 했던 행단 옆에
전나무를 심는 장면인 〈행단식회(杏壇植檜)〉가 포함되어 있다. 앞
서 언급한 이갑의 《연행기사》에 나오는 행단 앞에 세워진 미불
의 '회수를 찬양한 비'를 통해 알 수 있듯이 회수, 즉 전나무 역시
행단과 더불어 공자 강학을 은유적으로 암시하는 상징물이다.

　이렇듯 공자의 생존 당시 행단은 없었고, 단지 《장자》〈어부〉
의 고사일 뿐이며, 행목이 살구나무라는 논란은 지속됐다. 그러
나 행단은 공자가 제자를 모아 가르침을 베풀었던 강학의 상징
이었으며, 나아가 맹서의 단이기도 했다. 성적도의 〈금가고단(琴
歌古壇)〉에 따르면, 공자는 노나라 도성 동문으로 나가 행단을 지
났는데, 행단의 계단을 올라가 자공을 돌아보며 "이곳은 장문중
(臧文仲, 노나라의 대부)이 제후들과 맹약을 하던 단"이라고 했다. 그
리고 공자는 문득 장문중이 떠올라 금을 타라 하고는 노래를 불
렀다.[16] 행단이 공자의 강학처로 인식됐음을 알려주는 사례라
할 수 있다.

행단강학도의 전개

공자의 행단 강학을 그린 그림은 이미 고려시대에 유통된 것으로 보인다. 《동문선》〈김부식조〉에는 정화(政和) 연간(1111~1118)에 송나라를 방문했던 김부식(金富軾, 1075~1151)이 열람한 중국 그림에 관한 기사가 실려 있다. 휘종이 하사한 그림 15점에 〈부자행단도〉가 포함된 것이다.[17] 이후 행단 강학은 공자의 일생을 도해한 성적도의 〈행단예악(杏亶禮樂)〉으로 널리 확산됐다. 〈행단예악〉은 공자 나이 68세에 '주유열국(周遊列國)', 즉 여러 나라를 돌아다니다가 귀국하여 행단에서 제자들과 함께 경전을 정리하고 그들을 가르치는 장면을 그린 것이다. 다음은 성적도에 적힌 〈행단예악〉(그림 3-6)의 화제다.

공자가 노나라로 돌아왔다. 하지만 노나라에서는 여전히 공자를 등용하지 않았으며 공자 역시 구차하게 벼슬을 구하고자 하지도 않았다. 대신 공자는 하루 종일 행단에서 금을 타면서 제자들과 함께 《서경》을 기술하고 《예기》를 전술했으며, 《시경》을 편찬하고 《악기》를 교정하여 《주역》을 찬술했다. 이 행단은 공자가 만세에 길이 전할 가르침을 펼친 최초의 공간이 됐다.[18]

그림 3-6. 〈행단예악〉

그림 3-7. 〈성문사과〉

《공자성적도》의 〈행단예악〉은 공자가 날마다 행단에 앉아 금을 타며 제자들이 가져온《서전(書傳, 서경)》과《시전(詩傳, 시경)》을 산정(刪定)하고《주역》을 찬술하는 장면이다.《장자》〈어부〉의 공자 고사를 충실히 따른 〈행단예악〉을 보면, 사람들이 모인 행단 가운데 행목과 병풍이 있고, 탁자 위에는 금과 향로가, 인물 주변에는 서책이 놓인 탁자와 돈이 있다. 수염이 무성한 얼굴에 치포관과 심의를 착용한 공자는 근엄한 표정으로 왼쪽을 주시하고 있고, 공자 주변에 모인 제자들은 책을 펼쳐 스승에게 보여준다. 행단의 행목은 화사한 선홍색 꽃을 피운 살구나무다.

또한 공자가 육예에 능통한 70명을 덕행, 언어, 정사, 문학으로 나누어 열을 짓도록 한 〈성문사과(聖門四科, 성인 문하의 네 가지 재능)〉(그림 3-7)에도 〈행단예악〉의 '행단'이 도입됐다. 강학 장면에서 공자는 '안석(案席)이나 벽에 무언가를 세워놓고 기대앉은' 빙궤상(憑几象)으로 자주 표현됐다. 궤에 기대앉은 자세는 공자가 문도를 비롯한 다른 성현을 영접하거나 악기를 연주할 때 자주 차용된다. 예컨대 공자의 51대손 공원조가 1242년 저술한《공씨조정광기》에도 안석에 '기대앉은' 공자, 즉 빙궤상이 그려졌다. 이 장면에서 공자는 제자에게 올바른 도를 전수하는 스승이며, 제자들은 유학의 도를 공손하게 수용하는 유자(儒者)다.

성적도의 강학 장면에서 배치된 궤의 안석은 주로 단폭 병풍

그림 3-8. 〈금가고단〉

이다. 〈금가고단(琴歌古壇)〉(그림 3-8)은 〈행단예악〉과 구도, 도상, 형식이 거의 일치한다. 그런데 〈성문사과〉의 공자는 병풍 한가운데 앉은 정면의 빙궤상이며, 제자는 공자를 중심으로 좌우 대칭을 이룬 채 일렬로 앉아 있다. 제자 안회와의 문답 장면인 〈극복전안(克復傳顏)〉과 공자가 증삼에게 천자, 제후, 대부, 사서인(士庶人)에 대한 효와 도리를 전하는 〈효경전증(孝經傳曾)〉도 비슷한

그림 3-9.
〈공자강학도〉

구도다. 〈행단예악〉이나 〈금가고단〉에서는 공자가 금을 타는 반면, 다른 강학에서는 생략됐다.[19] 이렇듯 성적도에서 공자가 '스승'으로 표현되는 경우 그는 흰 수염이 무성한 수하(樹下) 인물의 빙궤상으로 등장한다.

다음은 중국 명 대의 행단강학도다. 공자박물관에 소장된 작자 미상의 〈공자강학도〉(그림 3-9)는 '행단 강학'의 고사를 구체적으로 그려냈다. 공자는 안석에 기대앉았고, 사구관을 썼으며, 여의(如意)를 들었으나 금을 타고 있지는 않다. 공자의 뒤쪽에는 아름드리 소나무가 바위 사이에서 뻗어 위쪽으로 곡선을 이루었고, 그 사이에 살구나무가 살짝 보인다. 공자의 왼쪽에는 제자 셋이 향로 등을 들고 있으며, 오른쪽에는 제자 하나가 질문을 하며 삼각 구도를 이루고 서 있다. 폭포를 둘러싼 가파른 비탈길을 열여섯 명의 제자가 세 무리로 나뉘어 올라오는데, 그중 가장 앞에 서 있는 제자가 금을 들고 있다.

이렇듯 많은 지식인의 사랑과 존경을 받은 공자는 관료와 스승, 은일자의 모습으로 시각화됐다. 비록 행단이 공자 생존 당시에 실재했는지 아닌지, 또 행목이 어떤 나무였는지 등에 대해 논란은 있었지만, 공자의 교육과 맹서의 장소로 알려지게 된 행단은 공자와 함께 자주 그림으로 표현됐다.

증점, 슬을 타며
기수에서 노닐다

《장자》〈어부〉를 토대로 시각화된 '행단예악'은 성적도에서 그 이미지와 도상이 확립됐지만, 점차 다른 일화가 추가되면서 다양한 공자의 강학이 표현됐다. 특히 공자와 증점(曾點)의 대화로 유명한 《논어》〈선진(先進)〉의 '욕기(浴沂)'는 스승과 제자의 아름다운 학문이 수행되는 배움터를 묘사한 것이다. '욕기'는 공자와 그의 제자인 자로, 증점, 염유(冉有), 공서화(公西華, 기원전 509~?)의 문답으로 시작된다.

선생님(공자)께서 말씀하셨다.
"내가 자네들보다 나이가 조금 많기는 하지만, 그렇다고 나를 어렵게 대하지는 마라. 자네들이 평소에 말하기를 '나를 알아주지 않는다'고 하던데, 만약 누군가 자네들을 알아준다면 자네들은 어떻게 하겠는가?"

공자의 질문에 자로, 염유, 공서화는 각각 나라를 잘 다스려서 군사력을 키우고 백성을 행복하게 만들며 도를 알게 하겠다고 대답했다. 마지막으로 공자는 증점에게 물었다.

> 선생님이 "점아, 너는 어떻게 하겠느냐" 하시자, 슬을 두드리던 소리가 가늘어지더니 쟁그랑 소리를 내며 증점이 슬을 밀어젖혀두고는 일어나서 대답했다.
>
> (……)
>
> "늦은 봄에 봄옷이 만들어지면 갓을 쓴 대여섯 사람(冠者), 동자(童子) 예닐곱과 함께 기수에서 목욕하고, '무우(舞雩, 기우제를 지내는 곳)'에서 바람을 쐬다가, 시를 읊으며 돌아오겠습니다."
>
> 선생님께서 "아!" 하고 감탄하며 말씀하셨다.
>
> "나는 점과 같이 하겠노라."[20]

증점은 유학의 가르침과 행동을 몸소 실천한 인물로 인식됐다. 즉 제요, 제순의 기상을 지닌 사람, 도를 보던 사람으로 평가됐고, 풍류와 수기를 몸소 실천한 선비로 존경받았다. 이렇듯 증점에 대한 선호도가 높아지면서 그의 일화를 담은 '욕기'가 더욱 유행했고, 그 내용을 그린 고사도 역시 증가했다.

슬을 타며 스승인 공자와 담소를 나누는 '증점고슬(曾點鼓瑟)'

은 조선 왕실과 사대부 문인도 즐겨 감상하던 고사인물화의 화제였다. 특히 '욕기'의 증점 일화에 행단을 더한 '증점고슬'은 성종이 소장했던 고사인물화 병풍에서도 발견된다. 1480년 성종은 신하들에게 열두 폭의 그림 병풍을 보여주며 시를 잘 짓는 열두 명을 뽑아 각각의 그림을 보고 칠언율시 한 편씩을 지어 올리게 했다. 열두 폭 병풍은 중국 성현의 고사로 구성됐다. 그중 제10폭이 바로 〈증점고슬도〉다. 이를 감상한 어세겸(魚世謙, 1430~1500)은 다음과 같은 제화시를 남겼다.

제자들이 공자님을 조용히 모셨는데,
행단의 봄빛이 꽃가지에 사무쳤네.
태산(太山)이 멀리 서 있으니 우러를 만하구나.
기수(沂水)에 바람이 이니 노래하여 돌아오네.
비파 줄 위의 천기(天機)가 손을 따라 움직이니,
개중에 그 마음을 누구라 알랴?
자연과 함께하는 이치를 찾고자 하려거든,
반드시 크게 한바탕 퉁기고 비파를 놓던 때를 기억하시오.[21]

어세겸은 '욕기'의 내용을 중심으로 《장자》〈어부〉의 행단을 인용했다. 이제 정선의 〈행단고슬(杏壇敲瑟)〉(그림 3-10)을 살펴볼

그림 3-10. 정선, 〈행단고슬〉

차례다. 정선은 조선 중기에 확산된 소경인물화 형식을 계승하여 자연에 거하는 옛 성현의 재미있는 '이야기'를 화사한 담채로 마무리했다. 상단에는 안개, 구름, 원산을, 하단에는 수목의 윗부분을 그려 인물상의 서사가 안치될 공간을 마련했다. 세필의 농묵으로 묘사된 석단에는 공자를 비롯한 그의 제자 네 명이 앉았고, 두 명의 시동이 그 주위에 서 있다. 모든 인물상은 두 손을 가지런히 모은 공수상이며, 한 제자만 슬을 타고 있다.

동파관을 쓴 공자의 담청색 심의는 짙은 남색 선으로 묘사됐다. 공자 양옆에 있는 제자들은 붉은 선이 돋보이는 담홍색 심의를, 나머지 제자와 시동은 공자와 동일한 색의 옷을 입었다. 호분(胡粉)으로 공자의 수염과 심의의 소매 끝을, 연한 갈색으로 얼굴 윤곽을 강조했다. 정선은 공자 강학의 전통적 형식과 도상을 수용해 〈행단고슬〉을 완성했다. 화면 중앙에 아름드리 행목을 사선으로 배치했고, 그 아래쪽 석단 위에 공자와 제자를 그렸으며, 인물 군상 중앙에 향로를 놓은 것이다.

성적도의 〈행단예악〉과 비교해보면, 강학 장면의 중요한 도상인 병풍과 의자, 즉 빙궤상이 생략됐고, 공자와 제자가 같은 높이의 단상에 함께 앉아 있어 공자의 권위가 다소 약해진 느낌이다. 《장자》〈어부〉를 충실히 그려낸 성적도 〈행단예악〉의 탄금상은 공자지만, 정선의 〈행단고슬〉 속 탄슬상은 증점이다. 정선이《논

어》〈선진〉 '욕기'를 수
용하여 공자 강학을 연
출한 것이다.

〈행단고슬〉과 유사한
작품에 정선의 〈부자도
(夫子圖)〉(그림 3-11)가 있
다. 정선은 〈부자도〉에
서 다소 거친 필묵으로
석단 위의 사제 간 모임
을 수하 인물 형식으로
그렸다. 〈부자도〉의 소
재 역시 '증점고슬'이다.
나무 아래의 석단, 스

그림 3-11. 정선, 〈부자도〉

승 대신 슬을 타는 제자, 불분명한 행목의 표현 등 도상과 구도
가 〈행단고슬〉과 너무나 흡사하다. 〈어부〉의 '행단'은 대표적인
공자 강학의 상징이고, 〈선진〉의 '증점고슬'은 가장 유명한 사제
문답의 일화다. 정선은 이 두 도상을 응용해 가장 이상적인 공자
강학과 사제 간의 아회(雅會) 장면을 재창조했다. 이로써 〈행단
고슬〉과 〈부자도〉의 제자들은 슬을 연주하는 증점을 비롯해 자
로, 염유, 공서화임을 알 수 있다. '욕기'를 그린 〈행단고슬〉은 공

그림 3-12. 조영석, 〈행단도〉

자 강학의 대명사가 됐고, 정선은 이를 독특한 화법으로 연출한 것이다.

관아재 조영석(趙榮祏, 1686~1761)도 부채에 '증점고슬'을 그렸다. 조영석은 〈행단도〉(그림 3-12)에서 행단이 아닌 자연스럽게 바위 위에 앉아 담소를 나누는 공자와 제자들을 표현했다.

조선 중기의 문인 관료였던 장유(張維, 1587~1638)는 '행단금슬(杏壇琴瑟)', '남곽은궤(南郭隱几)', '비로거대(毘盧踞臺)'로 장자(障子)를 꾸미고 싶었다. 병중에 한가로이 있으면서 이 세 광경을 떠올리면 마음이 스르르 풀어지곤 했기 때문이다. 그래서 "그림 그리는 사람의 손을 빌려 세 폭 병풍으로 만들고 싶은데, 다만 오늘날 세상에서 용면(龍眠, 북송의 화가 이공린)과 같은 절묘한 솜씨

를 만나기가 어려워 그림을 쉽게 만들 수가 없기에" 우선 세 개
의 찬을 먼저 지으면서 아쉬움을 달랬다.²² 다음은 장유가 지은
〈행단금슬〉이다.

봄바람 불고 해맑은 날씨 살구꽃 뜰에 가득한데,
제자는 줄 퉁기고, 선생은 가만히 듣고 있나니.
화기애애한 분위기 간격 없이 녹아 흐르는,
그 정경을 묘사할 수는 있어도
속뜻만은 어떻게 기릴 수가 없구나.²³

청나라 화가 맹영광(孟永光, 1590~1648)이 조선에 오자 인조(仁
祖, 1595~1649)는 그에게 명하여 장유가 찬을 남긴 세 작품을 그리
게 했다. 맹영광은 '행단금슬'과 '비로거대'는 그렸으나, '남곽은
궤'는 끝내 완성하지 못했고, 이를 안타까워한 숙종은 후세의 고
수를 기약했다.²⁴ 여기서 주목할 것은 슬을 타는 증점과 함께 등
장하는 금을 타는 안회다. 즉 스승인 공자 앞에서 안회는 금을 타
고 증점은 슬을 타는 '회금점슬(回琴點瑟)'의 상황이 그림으로 표
현된 것이다. '회금점슬'의 도상은 어유봉(魚有鳳, 1672~1744)이 감
상한 고사 인물 10폭 병풍에서도 확인된다. 어유봉은 공자를 비
롯해 맹자, 주돈이(周敦頤, 1017~1073), 정이(程頤, 1033~1107), 소옹

(邵雍, 1011~1077), 사마광(司馬光, 1019~1086), 주자(朱子, 1130~1200)로 이어지는 성현 고사도를 감상하고 〈병화십찬(屛畵十贊)〉을 썼다. 그중 공자의 일화를 그린 것이 〈행단현송(杏壇絃誦, 행단에서 금을 타고 시를 읊다)〉이다.

> 스승은 앉아 계시고 제자들은 곁에 늘어섰네.
> 현송 소리 드높으니, 안회는 금을 타고 증점은 슬을 타는구나.
> 높고 맑으며 넓고 두꺼움이 크게 융합하여 서로 통하는 것이니,
> 한 조각 행단 그림에 요순시대의 세월이 담겼구나.[25]

이렇듯 공자의 강학처에서 안회가 금을 타고 증점이 슬을 타는 장면은 조선시대에 적잖이 제작된 것으로 보인다. 특히 '증점고슬'은 성적도에 〈사자시좌(四子侍坐, 네 제자가 공자를 모시고 앉다)〉라는 화제로 표현됐다. 〈사자시좌〉는 명 대 만력(萬曆) 연간인 1592년 하출광(何出光)이 돌에 새긴 성적도에도 포함된 것으로 추정된다.

공자의 앞에서 안회가 금을 타고 증점이 슬을 타는 대표적 작품에는 나능호(羅能浩)가 그린 〈행단현가도(杏壇絃歌圖)〉(그림 3-13)도 있다. 이 그림의 상단 기록에 따르면, 1645년 칠봉(七峯) 함헌(咸軒, 1508~?)은 사행 길에 궐리에 들러 공자의 후손 공대춘

그림 3-13. 나능호, 〈행단현가도〉

(孔大春)에게서 오도자가 그렸다는 공자 영정 한 폭과 〈행단도(杏壇圖)〉를 받았다. 그는 귀국한 다음 강릉에 위치한 오봉서원(五峯書院)에 선물로 받은 〈행단도〉를 봉안했다. 1675년 함경도 덕원으로 귀향을 간 송시열(宋時烈, 1607~1689)이 이 〈행단도〉를 보고 함경도로 옮기라고 명했다. 이후 〈행단도〉는 황해도 문회서원에 봉안됐다. 1866년 서원 철폐 후 완산의 향교 대성전으로 이안(移安)됐고, 나능호가 이모(移模)를 담당했다.[26]

〈행단현가도〉에서 공자는 살구꽃이 만발한 뜰에 놓인 단상에 앉아 제자 마흔다섯 명의 호위를 받으며 강학을 진행 중이다. 공자를 중심으로 오른쪽에는 금을 연주하는 안회가, 왼쪽에는 슬을 연주하는 증점이 앉아 있다. 전형적인 '회금점슬'의 도상이다. 살구꽃이 핀 봄날의 행단, 안회와 증점의 연주, 제자 무리가 공자의 강학을 대표하는 이미지로 정착됐음을 알려주는 작품이다.

'증점고슬' 외에 '욕기'의 또 다른 내용인 "기수에서 목욕하고, 무우에서 바람을 쐬다가, 시를 읊으며 돌아오겠다(浴乎沂 風乎舞雩 詠而歸)"를 표현한 그림도 다수 전해진다. 이는 〈무우풍영(舞雩風詠, 무우에서 바람을 쐬며 시를 읊다)〉과 〈증점욕기〉라는 화제로 유통됐다. 이황(李滉, 1502~1571)은 1557년 황준량(黃俊良, 1517~1563)이 소장한 10폭의 고사 인물 병풍을 감상한 뒤 제화시를 남겼다. 그리고 이 병풍에 포함된 〈무우풍영〉을 보며 증점의 풍류를 이렇게 노래했다.

동자나 관을 쓴 사람의 봄소풍은 우연이겠으나
스승(공자)이 무엇을 감동하여 극진히 현자라 칭하였는가.
그 속에 담긴 참된 의미를 알게 된다면
온 세상의 공명도 한 점 연기가 될 뿐이라네.[27]

'무우풍영'은 일본 야마토분카칸(大和文華館) 소장 《만고기관
첩(萬古奇觀帖)》의 〈증점욕기〉(그림 3-14)에도 나온다. 《만고기관
첩》은 조선 왕실이 감상과 교육에 활용하기 위해 옛 시문을 그림
과 글씨로 표현한 시화 합벽첩(合璧帖)이다. 총 세 권으로 편집됐
고, 그림은 영조 때의 도화서 화원인 한후방(韓後邦), 한후량(韓後
良), 장득만(張得萬), 장계만(張繼萬), 양기성(梁箕星, ?~1755), 진재
해(秦再奚, 1691~1769)가, 글씨는 조선 후기의 문신이자 서예가로
이름을 떨친 윤순(尹淳, 1680~1741)이 담당했다. 정조의 호가 새겨
진 인장이 찍혀 있어 정조도 열람한 것으로 보인다.

〈증점욕기〉는 《만고기관첩》의 두 번째 책인 〈이(利)〉의 첫 장
에 실려 있고, 그림은 양기성이 담당했다. 양기성이 그린 〈증점
욕기〉를 보면 관을 쓴 어른 여섯 명과 동자 여섯 명이 기수 근
처에서 즐겁게 노닐고 있다. 가장 연장자인 증점은 수염을 늘

그림 3-14. 양기성, 〈증점욕기〉

그림 3-15. 이명기(추정), 〈풍호무우도〉
그림 3-16. 윤덕희, 〈산수인물도〉

어뜨린 인물로 표현됐다.[28] '무우풍영'의 도상은 이명기(李命基, 1756~1813 이전)가 그린 것으로 전해지는 〈풍호무우도(風乎舞雩圖)〉(그림 3-15)에서도 발견된다. 이 그림에서는 오른쪽 상단에 무우대(舞雩臺)를 높이 배치했고, 그 위에 아름다운 꽃나무를 그려 넣어 봄을 암시했으며, 지팡이를 들고 복건을 착용한 자유로운 은일자를 등장시켰다.[29] 또 여태까지 관폭도(觀瀑圖)로 알려진 윤덕희(尹德熙, 1685~1776)의 〈산수인물도〉(그림 3-16) 역시 '무우풍영'을 표현한 것이다.[30]

　명석한 지혜를 지닌 스승 공자와 자유로운 영혼의 소유자인 증점의 대화를 묘사한 '욕기'는 진정한 지식인이라면 지녀야 할 넉넉한 마음가짐과 풍류를 알려주는 일화로 많은 사랑을 받았다. '욕기'를 도해한 고사인물화가 적잖이 제작된 까닭이다.

4

졸고 느낌을 말하며 마음에 와닿았던, 생각.

남는 건 진정성과 진심이다

많은 사람들의 시선과 관심을 끌면서

공자성적도와
고사도

공자 일생의 시각화와
성적도 제작

공자의 형상이나 〈공자세가〉에 실린 일화는 공자를 사랑하고 기리는 많은 지식인에 의해 꾸준히 시각화됐다. 우선 공자 초상은 남다른 신체적 특성과 신분 및 지위의 변화에 따른 복식을 충실히 반영해 제작됐다. 그리고 그를 기리는 공간에 봉안됐다. 존경과 숭모의 절대적 존재인 공자를 기억하기 위해 초상을 봉안하는 제도가 확립됐기 때문이다. 공자를 숭모하는 의식은 그의 무덤이나 행단 근처 사당에서 수행됐다. 그리고 한 고조(漢 高祖, 기원전 247~기원전 195)를 비롯한 역대 왕이 이곳을 찾아 참배했다.[1] 공자상이 출현하게 된 계기는 그의 제자인 자공 때문이라고 전해진다. 공자가 세상을 떠나자 다른 제자는 뿔뿔이 흩어졌는데, 자공은 6년 동안이나 공자의 무덤을 지켰다. 그리고 스승을 사모하는 마음을 담아 〈공자 부부상〉을 만들었다.

  본격적인 공자 형상은 한 대부터 조성됐다. 이 시기 공자와 제자의 초상이 의례용, 감계용 회화로 활용됐음은 장언원이 찬술한 《역대명화기》에서 확인된다. 장언원은 국가의 존속을 표명하고 혼란을 극복하기 위한 도화의 기능을 강조하면서 촉군학당(蜀郡學堂)의 성현 화상을 언급했다.[2] 촉군학당은 전한 무제 때 사람인 문옹(文翁)의 학당이었으나 화재로 소실되어 후한 말 헌제(獻帝) 흥평(興平) 원년에 개축됐다. 그리고 동편 석실 벽에 신상과 역대 제왕의 상을, 대들보 위에 공자와 72제자 및 삼황과 명신(名臣)을 그려 장식했다.[3]

수많은 유학자가 문묘나 대성전에 봉안된 공자 초상을 보면서 존경심을 키워 나갔다. 이는 초상화가 겉으로 보이는 인물의 생김새를 넘어 그 안에 내재된 숨결과 체취를 느끼게 해주는 가상의 환영임을 알려주는 증거다. 공자의 일화가 본격적으로 제작된 계기는 성적도 발간이다. 성적도란 공자의 일생이나 행적을 여러 장면으로 나누어 그린 것이다. 공자의 그림 전기인 셈이다.

성적도는 앞서 언급한 공자 초상, 제자와 함께 등장하는 행교상(行敎像), '공자견노자'보다 후대에 나타난다. 성적도의 가장 이른 예는 원 대에 왕진붕이 그린 작품으로 알려져 있다. 현재 왕진붕의 《성적도》는 남아 있지 않지만 그 존재는 국립중앙박물관 소장 김진여의 《성적도》에 적힌 명 대 문인의 발문에서 확인된다. 왕진붕의 《성적도》가 몇 장으로 구성됐는지 정확하게 알 수는 없다. 그러나 많은 감상자에게 감동을 선사한 것만은 틀림없다. 촉천(蜀川) 이정귀(李廷貴)는 "봉황이 언덕에서 울고 기린이 들판에 나오네. 솔개는 날고 물고기는 뛰노네. 이는 세간의 상서로움이 함께 출현한 것이니, 나도 이 권축(그림)에 이렇게 말하고 싶네"라고 하며 왕진붕의 솜씨를 극찬했다.[4]

성적도는 명 대부터 본격적으로 제작됐다. 명 대의 시인으로 알려진 장해(張楷, 1398~1460)는 목각본과 석각본으로《성적도》(1444, 이하 장해본)를 발행했다. 그는《사기》〈공자세가〉에 수록된 공자의 생애 가운데 스물아홉 일화를 발췌한 뒤 스스로 지은 찬시를 곁들여 29도의《성적도》를 완성했다. 하정서는 장해본에 9도를 증보하여 38도의《성적도》(1497, 이하 하정서본)를 꾸몄고, 길간왕(吉簡王) 주견준(朱見浚, 1456~1527)은 하정서본을 토대로 길부(吉府, 지금의 장사)에서《공자성적지도(孔子聖蹟之圖)》(1506, 이하 주견준본)가 발행될 수 있게 후원했다.[5] 주견준본은 38도로 구성된 하정서본에 2도를 추가해 40도로 발행됐다. 옆으로 긴 화면이 상하로 구획됐는데 상단에 발문이, 하단에 그림이 있는 상문하도(上文下圖)의 형식이다. 상단의 발문은 그림의 화제가 생략된 채 찬문과 시로 구성됐다.

무엇보다도 가장 유명한 명 대의 성적도는 오파 화가인 구영(仇英, 1494?~1552?)이 그림을 담당하고, 1538년 문징명(文徵明,

그림 4-1. 구영, 〈공중주악도〉

1470~1559)이 제사(題詞)를 쓴 작품(그림 4-1)이다. 두 권으로 나뉘어 총 39장면이 실려 있다. 일부 화제를 변경해 새롭게 대체한 장면도 있다. 다음은 화첩 말미에 적힌 문징명의 글이다.

우리 오파 인물의 묘함은 구영을 최고라 할 수 있으니, 송나라의 주
문구나 유송년도 이보다 뛰어나지 않다. 근래 군자 경정이《성적
도》한 권을 그리며 경영에 고심하여 해를 넘겨 작업을 마쳤다. 다
시 나에게 보여주며 그 일을 뒤에 써달라고 했다. 장정이 완성되어
다시 열람하고 두루 기록하여 한때의 아름다운 일로 드러낸다.[6]

　문징명에 이어 발문을 쓴 허초(許初)는 "이산(尼山)에서 치성
드리는 일에서부터 문인이 시묘살이 하는 장면까지 모두 40개
의 그림이 실려 있다. 인물이 준수하고 건물이 정밀하며 숲과 돌
이 빽빽하고 수려하며 계화(界畫)의 엄정함이 모두 구비되었다"
라고 구영의 탁월한 솜씨를 극찬했다.
　이밖에도 화사 정기룡(程起龍)이 화도를 맡고 오가모(吳嘉謨)
가 목판본으로 간행한《공성가어도(孔聖家語圖)》(이하 오가모본)(그
림 4-2)가 있다.[7] 총 40도의 고사가 수록된 오가모본은 상문하도
의 주견준본과 달리, 그림과 주석이 분리된 1엽(葉)=1찬(讚)+1도
(圖)의 형식으로 돼 있다. 주석에는 제시(題詩), 간단한 설명, 오가
모의 부언 등이 첨가됐다. 일부 장해의 시를 인용한 것으로 보아,
오가모가 장해본을 일부 참고했다는 것도 알 수 있다.
　무엇보다도 중국 성적도 전개의 가장 큰 변화는 하출광이 발
간한 112장면의《성적도》(1592, 이하 하출광본)다.《곡부현사(曲阜縣

史)》권30 〈통편(通編)〉에
는 하출광이 성적도를 돌
에 새겼다는 기록이 남아
있다. 실제로 현재 산동성
곡부의 공묘에 그의《성
적도》가 마멸이 심한 상
태로 전해진다. 제1석에
는 '성적지도(聖蹟之圖)'라
는 표제가, 제3석부터 제
8석까지는 관련 기문(記

文)이, 나머지 제20석까
지는 총 112장면의 성적

그림 4-2. 오가모, 〈관주기기(觀周欹器)〉,
《공성가어도》, 1589

도가 판각됐다. 성적도의 화제
는 〈공자세가〉, 〈공자가어〉,《논어》 등에 수록된 내용을 근거로
마련됐을 것이다.

국내에 전해지는
성적도

이제 국내에 남아 있는 성적도를 알아볼 차례다. 대표적으로 꼽을 수 있는 것은 국립중앙박물관에 소장된 김진여의《성적도》와 동원 이홍근(1900~1980) 선생이 국립중앙박물관에 기증한《공부자성적도》(이하 동원본)다. 김진여의《성적도》는 10도의 그림이 연결된 긴 두루마리 형태의 그림이다. 구성을 보면〈조두예용(俎豆禮容, 제기를 차려놓고 예절을 익히다)〉(그림 4-3)이 가장 먼저 등장하고,〈자로문진(자로를 보내 나루터를 묻다)〉,〈퇴수시서(退修詩書, 물러나 시경과 서경을 닦다)〉(그림 4-4),〈안영저봉(安嬰沮封, 안영이 등용을 막다)〉(그림 4-5),〈협곡회제(夾谷會齊, 협곡에서 제나라 임금을 만나다)〉(그림 4-6),〈영공문진(靈公問陳, 영공이 공자에게 진법을 묻다)〉(그림 4-7),〈문례노담(노담에게 예를 묻다)〉,〈적위격경(適衛擊磬, 위나라로 가서 경쇠를 연주하다)〉(그림 4-8),〈송인벌목(宋人伐木, 송나라 사람이 공자가 쉬던 나무를 베다)〉(그림 4-9),〈주소정묘(誅少正卯, 소정묘를 처형하다)〉(그

孔子生而叔梁紇死
孔子之母顔氏陳俎
恐其傷也

愛父位焉
送之游
不奈即
不奈即商祭官
不奈而
依法具器
依法具器
命俎而游

孔子年四十五歲時
公卑定公太夫成將
子公官俗俗桃園學
教孔子不住追而湘
尊尊立直而羊子揮
承遺無禮

進禽就
降音無武
乃謂得音
正帝以儀
法共法儀
待鳴而起

그림 4-3. 김진여, 〈조두예용〉
그림 4-4. 김진여, 〈퇴수시서〉

그림 4-5. 김진여, 〈안영저봉〉
그림 4-6. 김진여, 〈협곡회제〉

그림 4-7. 김진여, 〈영공문진〉
그림 4-8. 김진여, 〈적위격경〉

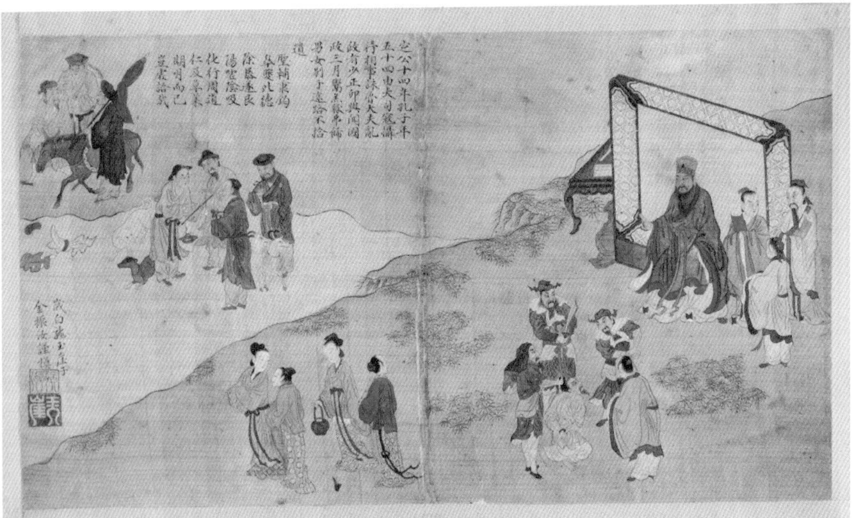

그림 4-9. 김진여, 〈송인벌목〉
그림 4-10. 김진여, 〈주소정묘〉

림 4-10)가 이어진다. 마지막에는 발문 4상이 붙어 있다.

발문을 쓴 인물은 첨희원(詹希元, 14세기 중반 활동), 서유정(徐有貞, 1407~1472), 오혁(吳奕, 1575~?), 송수(宋燧, 1344~1380)로, 모두 명 대의 저명한 유학자이자 서예가다. 대부분 원 대 화가 왕진붕의 섬세하고 뛰어난 솜씨를 극찬하고 성적도의 중요성을 강조했다. 예컨대 오혁은 "원나라에서 지금까지 100년을 지내면서도 비단이 완전 아름다우니, 이는 마치 신령이 가호해주는 것 같다"라고 했다. 또 송수는 발문에서 왕진붕의《성적도》가 언제 완성됐는지 그 시기를 알려준다.

> 고운(왕진붕)의 이 권축은 인물이 생동하고 결구가 여유로우며 채색이 맑고 윤기가 있어 조금도 그림쟁이의 분위기가 없다. 안목 있는 사람에게 글을 구하여 귀중함을 더하면 장승요, 오도자의 헛된 명성에 덮여 가려짐을 면할 수 있을 것이다. 광평 송수 중형보 쓰다. 신유년(1381) 8월 상순[8]

송수는 1381년 이 발문을 썼다. 각각의 그림 가운데에는 접힌 자국이 남아 있다. 원래 화첩본이었으나 두루마리로 재장황된 것이다. 김진여는 마지막 장면인 〈주소정묘도〉 아래쪽에 '세백룡 옥애자 김진여 근모(歲白龍玉崖子 金振汝 謹摸)'라고 관지를 붙였다. 이는 세백룡, 즉 경진년에 옥애자 김진여가 삼가 그렸다는 뜻이다. 이 그림이 1700년에 완성됐음을 알려주는 단서다.

다음은 동원본 《공부자성적도》를 살펴보자. 《공부자성적도》는 총 55도와 네 폭의 발문으로 구성된 화첩 형식의 작품이다. 발문에는 이 성적도가 제작된 경위와 용도가 상세하게 기술돼 있다. 1741년(영조 17) 병조참판 이익정(李益炡, 1699~1782)이 연행길에서 성적도 한 권을 구해 귀국하자, 사서 이기언(李箕彦, 1697~1743)이 당시 일곱 살이던 동궁(훗날 사도세자)의 교육을 위해 모사를 간언했다. 이기언은 농사짓고 누에치는 그림인 '농상도(農桑圖)'를 성적도와 함께 모사하기를 제안했지만, 영조는 이미 농상도가 있으니 성적도만 그려 올리라고 명했다.

이기언은 이듬해인 1742년 정월 25일 왕세자 교육을 담당하는 세자시강원(世子侍講院)의 상하번 면담에서 성적도의 중요함을 재차 강조했다. 나이 어린 세자가 독서의 여가에 이 그림을 펴본다면 마땅히 본받을 만하며 체득할 만하다는 것이다. 그리하여 동궁을 위해 연행사 이익정이 중국에서 구해온 성적도를 모사하여 동궁에 비치해 예람하게 했다. 이기언의 증언에 따르면 동궁의 교육용으로 제작된 《공부자성적도》는 100도가 넘는 방대한 자료였다. 원래 상권과 하권으로 구성됐으나, 현재 상권은 분실된 채 하권만 전해진다. 그렇다면 이기언의 간언으로 모사된《공부자성적도》의 원본은 무엇일까? 조선미 교수에 따르면 그 단서는 성균관대학교 존경각 소장《공부자성적지도》와 화성 궐리사 소장《성적도》에서 찾을 수 있다. 두 자료는 청나라 여성부(呂聖符)가 그림을 그리고 색을 입힌 성적도 105도를 1901년과 1904년 중국에서 들여와 각각 1904년과 1905년 발행한 것이다. 여성부는 공묘 성도전에 돌로 새겨놓은《성적도》(1592)를 바탕으로《성적도》(1628)를 다시 출판했다. 이를 토대로 하여 화성 궐리사의《성적도》는 단색 목판본으로, 존경각의《공부자성적지도》는 채색 목판본으로 완성됐다.

그러나 동원본과 여성부의 작품을 범본으로 제작한 성적도는 표현에서 다소 차이를 보인다. 〈자로문진〉을 선택하여 각각의 성적도를 비교해보자. 앞서 기술했듯이 '자로문진'은 장저와 걸익이 김을 매고 밭을 갈고 있을 때 공자가 지나가다가 자로를 시켜 나루터를 물어보게 했다는 고사를 토대로 하는 그림이다. 이는 '예로부터 은자의 한가로움과 여유는 언제나 도를 같이하는 사람과 어울려 함께 농사지으며 즐겁게 생활하는 데서 나온다'는 말이다. 다음 인용문은 김진여의《성적도》에 수록된 〈자로문진〉(그림 4-11)의 발문이다.

공자가 섭 지방을 떠나 채나라에 돌아왔다. 은자인 장저와 걸익이 함께 밭을 가는데 공자가 지나가다가 자로를 시켜 나루를 묻게 했다. 그들이 말하기를 "도도히 흐르는 강물처럼 천하가 모두 그렇게 휩쓸려 가는데, 누구와 함께 바꾸겠는가. 또 그대는 사람을 피하는 선비(공자를 말함)를 따르기보다는, 세상을 피하는 선비를 따르는 것이 낫지 않겠는가"라고 하면서 씨 뿌리는 일을 멈추지 않았다.[9]

성인의 뜻이 사람을 구하는 데 있으니,

천하를 끊임없이 돌아다니고,

은자의 뜻은 몸을 정결하는 데 있어,

숨어 지내며 세상에 나오지 않는구나.

세상에 나오든, 은거하든 각각 그 시대를 따르는 것이니.

장저여! 걸익이여! 어찌 그렇게 해야 하겠는가.[10]

동원본의 발문은 김진여의 《성적도》 발문에서 찬시를 제외하면 거의 유사하다.[11] 이제 그림을 살펴보자(그림 4-12). 수레에 탄 공자가 논밭을 바라보고 있고, 장저와 걸익이 언덕 너머 밭에서 소를 몰고 있으며 자로가 언덕에 서서 이들을 바라보며 공자를 가리키고 있다. 주요 등장인물과 그들의 배치는 대부분의 성적도가 비슷하다. 차이점이 있다면 김진여의 〈자로문진〉에서는 물가가 생략된 반면, 동원본의 〈자로문진〉에서는 물가가 표현되어

孔子去葉返乎蔡長
沮桀溺耦而耕孔子
過之使子路問津焉
曰滔滔者天下皆是
也而誰與易之且而
與其從避人之士豈
若從避世之士哉擾
而不輟
聖在濟人
周流不止
隱在潔身
階蔵不起
仕乎止乎
各適其時
洙泗湯子
豈能如斯

그림 4-11. 김진여, 〈자로문진〉

그림 4-12. 작자 미상(동원본), 〈자로문진〉

있다.

　이렇듯 같은 내용이라도 판본에 따라 성적도의 표현 양상은
다르다. 그림이 아닌 인쇄물로 발간된 성적도는 공자의 일생과
가르침을 널리 알리는 중요한 교재로 활용됐다.

좌우명, 중용의 미덕을 알리는 그릇

공자의 고사는 성적도뿐만 아니라 독립된 화제로도 자주 그려졌다. 대표적인 예가 중용의 가르침을 전하는 '공자관기기(孔子觀欹器)'다. 공자는 자로와 함께 노나라 환공(桓公)의 묘를 방문했다. 그곳에서 한쪽으로 기울어진 기기(欹器)를 발견하고 시험 삼아 물을 부었다. 기기는 "속이 비면 한쪽으로 기울어지고, 물이 적당히 채워지면 반듯하게 서 있고, 가득 차면 엎어지는(虛則欹 中則正 滿則覆)" 그릇이다. 공자는 이 그릇을 자신의 오른쪽에 두고 매사 판단의 기준으로 삼았다. 바로 '좌우명'이다. 중용의 도를 일깨우는 고사다.[12]

동아시아에서 공자관기기를 나타내는 조형물은 항상 중심을 잃지 않고 사물과 사건을 공정하게 판단하기 위한 좌우명이 되어 왕실이나 사대부 사이에서 널리 활용됐다. 3세기 위나라의 수학자였던 유휘(劉徽)가 〈노사기기도일권(魯史欹器圖一卷)〉에 찬을 했다는 기록으로 미루어보아, 기기는 적어도 3세기경 시각화된 것으로 추정된다.[13] 당나라 시인 유우석은 〈제기기도(題攲器圖)〉에서 군신의 올바른 치정과 신하의 도리를 강조했고, 소식(蘇軾, 1037~1101)은 〈화거이수(畫車二首)〉에서 기기도의 구조를 설명했다.[14]

인물상 없이 기울어진 그릇만 그린 기기도는 공자의 일화를 그린 공자관기기도보다 먼저 등장했다. 중국 투루판에서 발견된 〈열성계훈육병감계도(列聖戒訓六屛鑒戒圖)〉(6폭 병풍)(그림 4-13)가 대표적이다. 이 그림은 당 대의 것으로 추정된다. 병풍의 1폭에는 속이 텅 빈 박만(撲滿, 푼돈을 넣어두는 일종의 저금통), 싸리 묶음, 실타래가, 2폭부터 5폭까지에는 '목인(木人)', '석인(石人)', '금인(金人)', '옥인(玉人)'의 표기가 붙은 단독 성현상이, 6폭에는 기기가 각각 표현됐다. 중용의 가르침이 극대화된 장면이다.

기기와 기기도는 중국 황실에서 적극 활용됐다. 송 인종은 1035년 새로 설치한 이영각(邇英閣)의 어좌 앞에 기기를 놓은 뒤 《상서(尙書)》〈무일(無逸)〉을 강론했다.[15] 한동안은 기기도가 공자의 고사 장면 없이 기기의 대용품으로 그려졌다. 고려 후기 문신인 이색(李穡, 1328~1396)도 "기기를 그려 와서 스스로 경계하고, 곡궤(曲几, 신주를 놓을 때 쓰는 제기)는 베어버린들 무엇이 해로우랴. 부정한 것을 눈에 닿지 않게 하는 이 마음이 원래 요순의

그림 4-13. 〈열성계훈육병감계도〉

마음이라네"라는 시를 남겼다. 기물형 기기도가 행동과 마음을
다스리기 위한 좌우명으로 활용된 것이다.[16]

　기기도는 조선의 개국과 함께 왕실에서도 열람됐다. 앞서 언
급했듯이 정종은 1399년 1월 1일 신하들이 진상한 무일도, 역년
도, 기기도를 가상하게 여겼다. 그리고 기기도를 벽에 걸어 신하
들에게 보여주었다. 이때 지경연사 이서(李舒, 1332~1410)가 그릇
이 비면 기울어지고 가득 차면 엎어지는 이치를 부언했다.[17] 정
종이 즉위하자마자 성석린, 이정보, 최유경이 각각 기기도, 역년
도, 무일도를 바친 것은 왕권이 불안한 시기에 급작스럽게 보위

에 오른 정종에게 새로운 시대를 여는 군주의 올바른 자세와 왕도의 정통성을 일깨우려는 의도였을 것이다. 신하의 충심을 이해한 정종은 이틀 뒤 열린 경연에서도 기기도를 벽에 걸었고, 이를 열람한 이서는 "가득 차도 넘치지 않는다"라는 말을 인용해 기기의 효용을 새삼 강조했다.[18]

정종이 기기도와 무일도를 열람한 일화는 송 인종이 이영각에 무일도와 기기를 진설한 상황을 떠올리게 한다. 그리고 이와 비슷한 일화가 세종 연간에도 반복된다. 1433년 세종이 경연에 나아가《성리대전》을 강론하면서 빈풍칠월도를 어람한 후 농사의 어려움을 알게 됐으니 '우리나라'의 칠월시를 지으라 하명했다. 그러자 지신사 안숭선(安崇善, 1392~1452)은 기기도의 효용성을 설명하며 이를 함께 제작하자고 건의했고, 이에 세종은 동의했다.[19] 앞서 언급했듯이 무일도와 빈풍칠월도는 농상(農桑)의 어려움을 이해하여 안일에 빠지지 않도록 경계하라는 주공의 가르침을 그린 그림이다. 기기도와 같은 맥락의 시각물인 셈이다. 그렇다면 세종의 빈풍칠월도 어람과 기기도 제작은 송 인종이 이영각에 기기와 무일도를 진설한 것과 다를 것 없는 지침이다. 정종이 열람했고, 안숭선이 예로 든 기기도가 어떤 형식의 그림인지는 알 수 없지만, 아가리가 넓은 기기가 지지대에 매달린 형태의 기물화일 가능성이 크다.

안숭선을 통해 기기도의 효용성을 알게 된 세종은 빈풍칠월
도와 기기를 함께 장치하고자 했고, 이 계획을 흠경각(欽敬閣)에
서 실현했다. 흠경각은 하늘을 공경하고 해와 달, 별의 움직임을
관찰하여 백성의 농사를 도와주기 위해 설계된 구조물이다. 흠
경이라는 말은《서경》〈우서(虞書)〉 '요전(堯典)'에 나오는 "희씨
와 화씨에게 명하시어 하늘을 삼가 따르게 하시고, 해와 달과 별
의 운행을 관찰하여 사람들에게 때를 알리도록 하셨다(乃命羲和
欽若昊天 曆象日月星辰 敬授人時)"라는 구절에서 유래했다. 흠경각
루(欽敬閣漏)는 수격식(水激式), 즉 물의 흐름을 이용해 수차를 운
행하는 동력 방식으로 운영된다. 1086년에서 1089년 사이에 제
작된 중국 수운의상대(水運儀象臺)의 방식과 유사하다.[20]

천문학자 김돈(金墩, 1385~1440)이 쓴《흠경각기(欽敬閣記)》에
따르면, 장영실(蔣英實)은 세종의 명을 받아 1438년 경회루 동남
쪽에 흠경각과 자동 물시계인 옥루를 완성했다. 즉 흠경각 내부
에 종이를 붙여서 일곱 자 높이, 즉 1.5미터가량의 산 모양 입체
조형물을 배치했고, 그 안에 기계 바퀴(機輪)를 만든 후 옥루수(玉
漏水)를 이용해 이를 치게 했다. 즉 흠경각 안에서는 산중의 물길
처럼 물이 흘러내렸고, 오색구름이 산을 휘감아 돌았으며, 일정
한 시간마다 인형이 목탁을 치며 움직였다. 그리고 기기와 빈풍
칠월이 다음과 같이 장치됐다.

오위(午位)의 앞에 또 대가 있고, 대 위에 비스듬한 그릇이 있으며, 그릇의 북쪽에서 관인(官人)이 금병(金甁)을 들고 물을 쏟는데, 누수의 남은 물을 이용해 언제나 끊어지지 않게 하여 비어 있으면 비스듬하고, 중간쯤 물이 올라오면 반듯하며, 가득 차면 엎어지는 것이다. 옛 법과 같이 또 산의 동쪽에는 봄 석 달의 경치를 만들고, 남쪽에는 여름 석 달의 경치를 만들며, 가을과 겨울도 역시 그렇게 만들고, 빈풍도에 의거하여 나무를 새겨 인물·금수·초목의 형상을 만들어 그 절후에 맞춰서 안배해놓으니, 7월 편의 전경(全景)이 구비되지 않은 것이 없다. 누각의 이름을 흠경이라 했으니, 이것은 '요전'의 "하늘의 뜻을 공경히 받들어 백성에게 일할 때를 가르쳐준다"라는 뜻을 취한 것이다.

누수의 남은 물을 이용하여 비스듬한 그릇에 쏟아 넣어 천도(天道)의 차고 비는 이치를 관찰하며, 산의 사방에 빈풍(豳風)을 진열하여 민생이 수고롭게 농사짓는 것을 보여주니, 이것은 전대에 없던 아름다운 행사다. 그래서 항상 좌우에 접근하여 매양 성려(聖慮)를 깨우치며, 또한 밤낮으로 근심하고 부지런해야 된다는 것마저 깃들었으니, 어찌 다만 성탕(成湯)의 목욕하는 반(盤)이나, 주 무왕의 지게문에 새긴 명(銘)에 비할 따름이랴. 그 하늘을 본받고 때를 순히 하며 공경하는 뜻이 극진함과 동시에 백성을 사랑하고 농사를 중히 여기는 인후한 덕은 마땅히 주나라와 더불어 아름다움을 짝하여 무

궁토록 전할 것이다.[21]

세종은 종이로 만든 가산(假山)의 좌우에 기기와 빈풍도를 배치한 후 이를 동시에 감상한 것으로 보인다. 비어 있음과 가득참을 경계하는 기기와, 절기에 따른 농사의 수고로움을 알려주는 빈풍칠월도는 일견 다른 함의를 지닌 시각물처럼 간주된다. 그러나 세종은 기기와 빈풍칠월도가 백성의 삶을 이해하고 태평성대를 꿈꾸는 군주에게 경각심을 일깨워주는 좌우명이라고 믿었다. 물레방아와 비슷한 구조를 지닌 기기는 논밭에 물을 대는 농사 도구로도 활용됐다. 농경의 중요성을 아는 세종은 기기와 빈풍칠월도를 동시에 감상하고 싶었을 것이다.

문사 관료도 기기나 기물형 기기도를 보면서 중용의 미덕을 잊지 않고자 노력했다. 손순효(孫舜孝, 1427~1497)는 정갈한 방에 항상 기기도를 걸어두고 감상했다. 신흠(申欽, 1566~1628)은 외조부인 추파(秋坡) 송기수(宋麒壽, 1507~1581)를 회상하며 송기수의 막역한 벗인 곽순(郭珣)이 자손의 번창을 기뻐하기 이전에 겸손을 잃지 않기 위해 기기정명(欹器鼎銘)의 그림을 보며 항상 마음을 다스렸던 사실을 기억했다.[22]

이렇듯 조선 왕실에서 기기와 기기도는 군주의 올바른 통치를 위한 좌우명이었다. 사대부 관료도 이를 중용의 상징물로 여졌다.

기기와 기기도는 점차 공자의 일화를 그린 공자관기기도로 전환됐다. 이러한 현상은 '공자관기기'가 성적도에 수록되면서 더욱 두드러진다. 기기도가 성적도에 포함된 것은 16세기 이후로 추정된다. 1444년 장해가 29도로 꾸민《성적도》나 1497년 하정서가 38도로 꾸민《성적도》에는 기기도가 나오지 않기 때문이다. 지금까지 조사한 바에 따르면 기기도는《공자성적지도》(1506), 즉 주견준본에서 발견된다.

38도의 하정서본에 2도를 추가하여 40도로 발행된 주견준본에서 새롭게 추가된 두 화도는 공자가 노나라 사당을 방문하고 기기를 감상하는 장면이다. 그러나 주견준본에서 이 고사는 1엽이 아닌 2엽에 나누어 그려졌다. 즉 기물형 기기도와 서술형 고사도가 별도의 화면에 재현된 셈이다. 주견준본의 열다섯 번째 장면(그림 4-14)은 인물상 없이 오로지 세 개의 그릇, 즉 기운 것, 평평한 것, 엎어진 것이 사각형의 나무틀에 옆으로 매달려 있는 기물화이며, 주견준본에서 유일하게 인물상이 생략된 화도다. 열여섯 번째 장면(그림 4-15)은 공자와 자로가 대화를 나누고 그들을 따르는 일행이 등장하는 고사인물화다.

이렇듯 주견준본에는 한 개의 고사가 기물화와 고사인물화로 분리됐지만, 이후 발행된 성적도에서는 '공자관기기'가 한 화

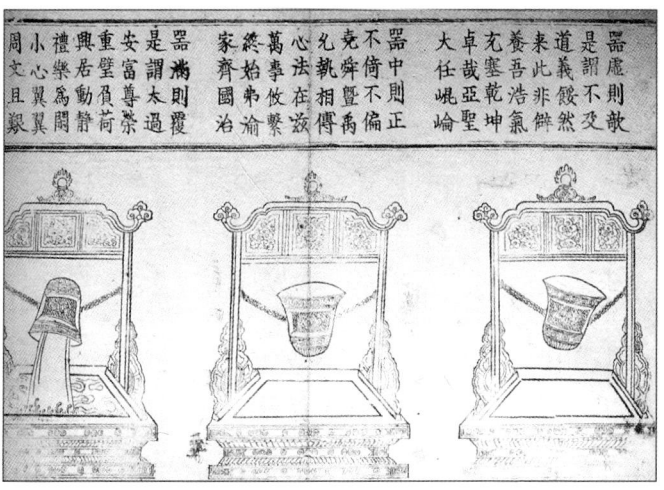

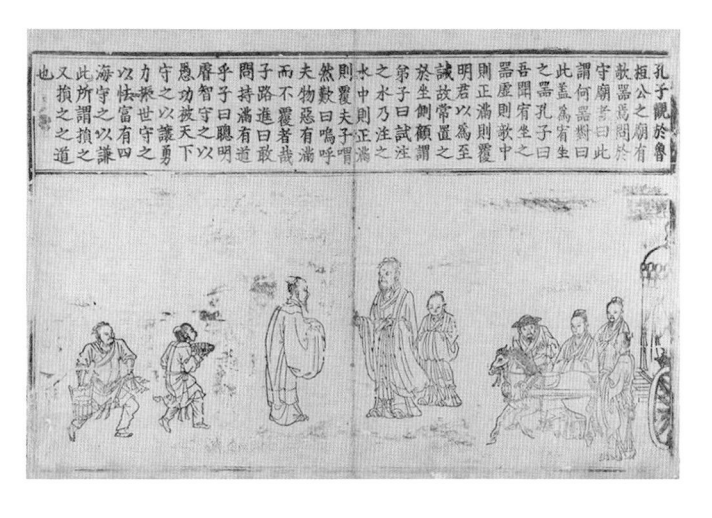

그림 4-14. 〈기기도〉, 《공자성적지도》(주견준본) 중 '열다섯 번째 장면'

그림 4-15. 〈공자고사도〉, 《공자성적지도》(주견준본) 중 '열여섯 번째 장면'

면으로 압축됐다. '공자관기기'가 포함된 성적도는 오가모본이다.[23] 오가모본이 주견준본과 가장 크게 다른 점은 공자 성적의 일화를 화제로 목록화했고, '공자관기기'의 고사적 표현이 도입됐다는 것이다. 주견준본에서 분리된 기물화와 고사인물화가 오가모본에서는 '공자관기기'로 압축되어 〈관주기기〉, 즉 '주나라의 기울어진 그릇을 보다'라는 구체적인 화제로 제시된 것이다.

따라서 〈관주기기〉에서는 복두를 쓰고 심의를 걸친 공자와 자로가 지지대에 걸린 세 개의 기기를 바라보는 광경이 묘사됐다. 기기는 기운 것, 수평을 이룬 것, 엎어진 것이 모두 그려졌지만, 세 개의 기기가 하나의 틀에 매달려 있다. 문제는 〈관주기기〉라는 화제다. 앞서 언급했듯이 공자는 기기를 노나라 환공의 묘에서 발견했다. 그런데 오가모본에서는 '주나라에서 기울어진 그릇을 보다'라는 의미의 화제를 사용한 것이다. 이는 성적도를 발행할 때 수십 장의 공자 고사를 편집하는 과정에서 발생한 오류로 판단된다.

그렇다면 오가모본에 수록된 '공자관기기'의 도상은 어디에서 비롯된 것일까? 원 대의 학자인 진려(陳旅, 1288~1343)가 편찬한《안아당집(安雅堂集)》13권에〈발공자관기기도(跋孔子觀欹器圖)〉가 실려 있다. 적어도 14세기 전반에는 '공자관기기'가 단독 화제로 제작된 것이다. 따라서 오가모본의 〈관주기기〉는 성적도

그림 4-16. 〈관주기기〉,《성적전도》(강희 25년 서문본)
그림 4-17. 〈관주기기〉,《성적도》(고원본)

가 아닌 독립된 공자관기기도의 형식을 토대로 판각됐을 가능성
이 크다. 1엽=1찬+1도 형식의 〈관주기기〉는 강희 25년의 서문
이 실린《성적전도》(이하 강희 25년 서문본)(그림 4-16)와 청 대의 장
서가인 고원(顧沅, 1799~1851)이 편찬한《성적도》(이하 고원본)(그림
4-17)에서도 발견된다. 찬문과 찬시는 세 작품 모두 비슷한 가운
데, 강희 25년 서문본과 고원본은 완전히 일치한다. 다만 고원본
에서는 배경을 완전히 생략했고, 세 개의 기기가 걸린 지지대는
정면을 향하고 있다.[24]

'공자관기기'는 명 대 만력 연간인 1592년 하출광이 돌에 새긴 성적도에도 포함됐다. 총 112개의 화제로 구성된 석각본 중에서 '공자관기기'는 〈관기론도(觀器論道)〉, 즉 '그릇을 보고 도를 논한다'는 화제로 열여덟 번째에 실려 있다. 〈관기론도〉는 《공맹성적도감(孔孟聖蹟圖鑑)》에 영인된 청 대의 석각 탁본인 〈대성지성문선선사주류지도(大成至聖文宣先師周流之圖)〉(그림 4-18)에서도 발견된다. 두 작품 모두 옆으로 긴 화면에 그림과 제발이 동시에 표현돼 있다. 앞서 언급한 1엽=1찬+1도 형식과 다르다.

현재 우리나라에 전해지는 성적도 중에서는 105도가 전부 남아 있는 1904년 판본의 화성 궐리사 《성적도》(이하 궐리사본) 목각본에 〈관기론도〉(그림 4-19)가 실려 있다. 앞서 언급했듯이 궐리사본은 1742년 완성된 동원본과 동일한 형식이므로 동원본에도 〈관기론도〉가 포함됐을 것이다. 궐리사본에서 〈관기론도〉는 옆으로 긴 화면에 건물 밖의 풍경까지 표현됐고, 기기는 세 개가 아닌 수평을 이룬 한 개만 그려졌으며, 화제도 적혀 있다. 그림 오른쪽 상단에 표기된 화제의 내용은 다음과 같다.

공자께서 노나라 환공의 묘를 참관하시는데 거기에 기기가 있었다. 공자께서는 "내가 듣기로 이 그릇은 비면 기울고 중간쯤 차면 바로 서고 가득 차면 엎어진다 하더라. 명철한 임금은 그것을 지극히 훈

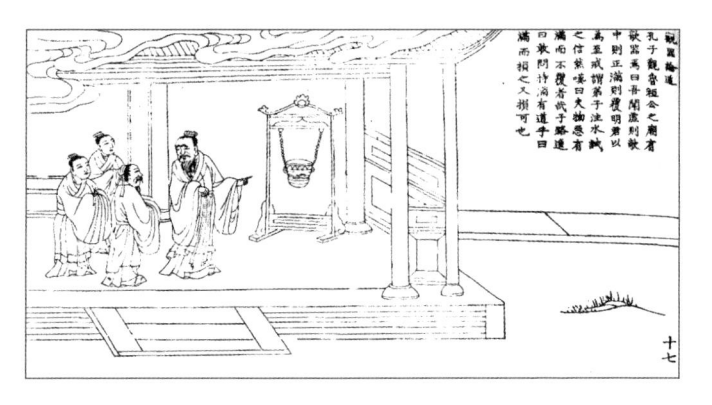

그림 4-18. 〈대성지성문선선사주류지도〉, 《공맹성적도감》
그림 4-19. 〈관기론도〉, 《성적도》(궐리사본)

계로 여겼느니라" 하시고는 제자를 보고 거기에 물을 부어보라고
하셨다. 그래서 거기에 물을 부어보니 중간쯤 차니까 바로 서고 가
득 차니까 엎어졌다. 공자께서는 크게 감탄하여 "어떤 물건치고 가

득 차고서 엎어지지 않는 것이 있겠는가?"라고 말씀하셨다. 자로가 앞으로 나오면서 말하기를 "감히 여쭈어보겠습니다. 가득 찬 것을 지켜 나가는 방법은 어떤 것입니까?"라고 했다. 이에 공자께서는 "덜고 또 덜면 되느니라"라고 말씀하셨다.²⁵

이렇듯 〈관기론도〉에서는 공자가 기기를 관찰하며 도를 깨우치는 과정이 서사적으로 표현됐다. 그리고 성적도를 통해 교육적 시각물로 널리 확산됐다.

'공자관기기'는 《양정도해(養正圖解)》에도 수록됐다. 《양정도해》는 중국 명 대의 학자인 초횡(焦竑, 1540~1620)이 만력 연간에 훗날 광종(光宗, 泰昌帝)이 되는 주상락(朱常洛, 1582~1620)을 지도하기 위해 역사에 모범이 될 만한 제왕의 행적을 수록하고 그림을 덧붙여 상세하게 설명한 책이다. 주 문왕 이래의 성군, 성현, 명재상, 충신의 교훈적 고사 60건을 글과 그림으로 편집한 일종의 제왕학 교재인 셈이다. 1704년 사은사의 서장관으로 연경에 다녀온 이언경(李彥經, 1653~1710)이 《양정도해》를 가져와 왕실에 진상했다. 이후 《양정도해》는 책자로 제작되어 세자시강원에서 활용됐다.²⁶

《양정도해》에서 '공자관기기'는 〈기기시계(敧器示戒)〉라는 화제로 등장한다. 《양정도해》의 열일곱 번째 장면으로 실린 〈기기시계〉(그림 4-20)는 공자와 자로가 사각 탁자 위에 올려놓은 기기를 바라보는 광경이다. 다른 작품과 달리 〈기기시계〉의 기기는 실내가 아닌 야외에 설치됐고, 그릇도 한 개만 표현됐다.

그림 4-20. 초횡, 〈기기시계〉

'공자관기기'는 중국의 공자박물관이 소장한 〈공자관기기도〉(그림 4-21)에도 표현돼 있는데, 이 그림은 명 대의 것으로 추정된다. 축으로 된 이 작품은 상단에 《공자가어》〈삼서제구(三恕第九)〉의 일부가 적혀 있고 하단에 '공자관기기' 고사가 그려져 있다. 화면 중앙에 세 개의 그릇이 매달린 지지대와 그 앞에서 이야기를 나누는 네 명의 성현이 등장하여 오가모본의 표현 양상을 떠올리게 한다.[27]

한편 《공자가어》의 〈삼서제구〉가 적힌 작품으로는 한림대학교박물관이 소장한 〈공자관기기도〉(그림 4-22)도 있다. 공자박물

孔子觀於魯桓公之廟有攲
器焉問於守廟者此謂何器
也對曰此蓋為宥坐之器孔子
曰吾聞宥坐之器虛則攲中則
正滿則覆明君以為至誠
故常置之於坐側顧謂弟子
曰注水焉乃注之水中則
正滿則覆夫子喟然歎曰吁
惡有滿而不覆者哉子路曰
敢問持滿有道乎子
曰聰明睿智守之以愚功被
天下守之以讓勇力振世守
之以怯富有四海守之以謙
所謂損之又損之之道也

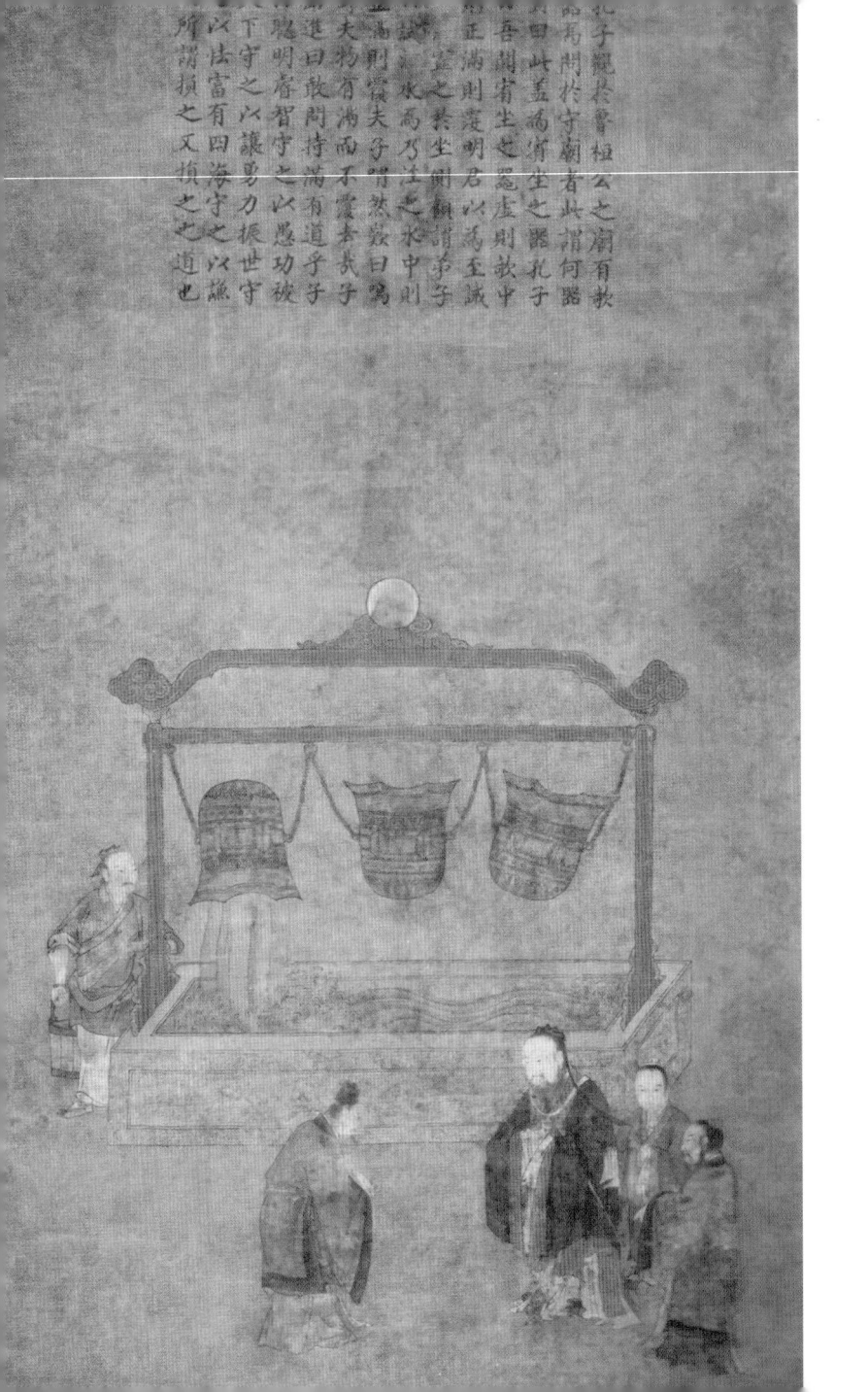

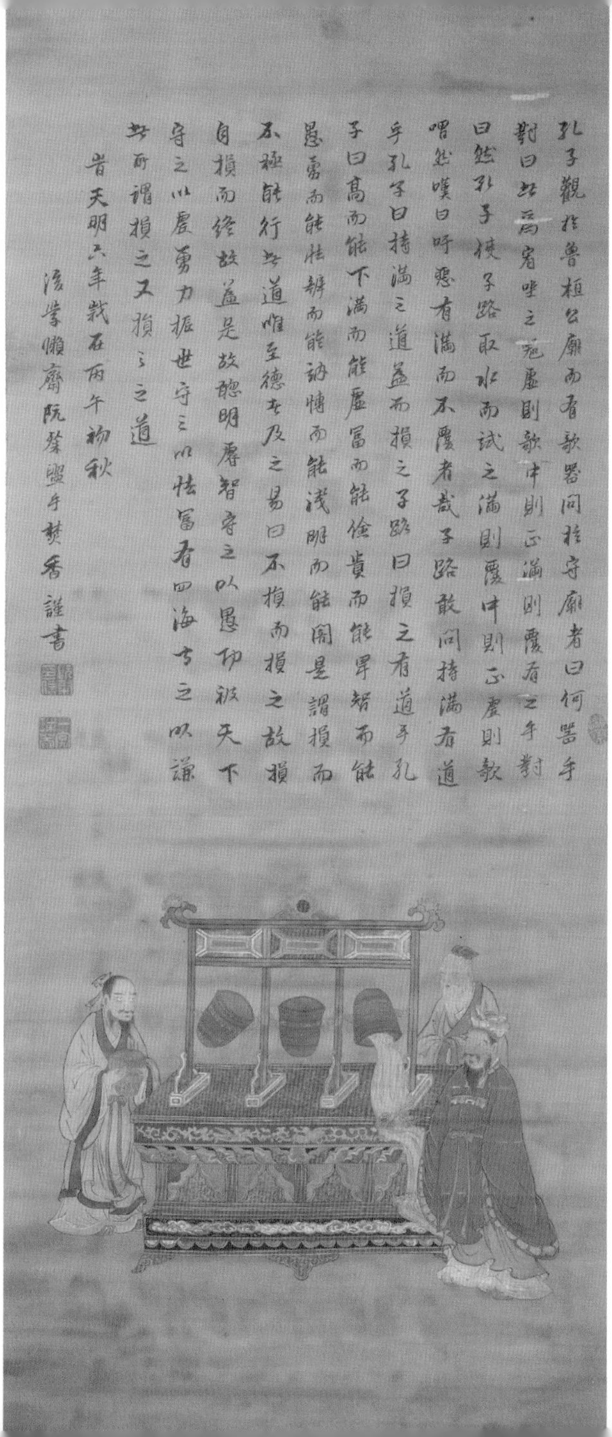

孔子觀於魯桓公廟而有欹器問於守廟者曰何器
對曰此盖宥坐之器廟則欹中則正滿則覆之手對
曰然孔子使子路取水而試之滿則覆中則正虛則欹
喟然嘆曰吁惡有滿而不覆者哉子路敢問持滿有道
乎孔子曰持滿之道益而損之子路曰損之有道乎孔
子曰高而能下滿而能虛富而能儉貴而能卑智而能
恩勇而能怯辯而能訥博而能淺明而能闇是謂損而
不極能行此道唯至德者能之易曰不損而損之故損
自損而終故益是故聰明睿智守之以愚功被天下
守之以讓勇力振世守之以怯富有四海守之以謙
此所謂損之又損之之道

昔天明六年歲在丙午初秋
後學懶齋院榮盟手贊香謹書

그림 4-21.
〈공자관기기도〉
(중국 산동성 곡부
공자박물관 소장본)

그림 4-22.
〈공자관기기도〉
(한림대학교박물관 소장본)

관 소장 〈공자관기기도〉와 유사한 이 작품은 화제 말미에 "천명 6년 병오 초가을 후학 나재완찬이 손을 씻고 향을 사르며 삼가 쓰다(峕天明六年 歲在丙午初秋 後學懶齋阮粲 盥手 焚香謹書)"라는 구절 이 적혀 있다. 발문을 담당한 나재완찬은 에도 시대의 문인으로 추정된다. 그러나 작품의 국적과 제작 시기에 대해서는 면밀한 분석이 필요하다.

일본에도 여러 점의 공자관기기도가 전해진다. 셋손 슈케이 (雪村周繼, 1504~1589)를 비롯해 전국시대의 선승 슈요(周楊), 에도 시대의 화가 고스코쿠(高嵩谷, 1730~1804) 등이 공자관기기도를 남겼다. 이들은 공자와 자로 및 문인들이 기기를 바라보는 광경 만 재현했을 뿐, 화제나 찬문은 적지 않았다. 이밖에도 모모야마, 에도 시대에는 공자관기기도가 병풍 형식으로 제작됐다. 금으로 칠한 바탕에 원색으로 고사의 내용을 간단하게 표현한 실내 장 식용 치장 그림이다.[28]

조선에서는 김홍도의 화풍으로 그려진 10폭 고사도에 '공자 관기기'(그림 4-23)가 등장한다. 10폭 고사도의 주인공은 공자를 비롯해 왕선(王詵, 1036~1104), 소식, 원각(袁桷, 1266~1327), 예찬(倪 瓚, 1301~1374), 오융(吳融, 850~903), 미불(米芾, 1052~1107) 등으로 추정된다. 이들은 화사한 정원에서 서화고동(書畫古董)을 완상하 고 담소를 나누는 풍류인이다. 공자고사도의 상단에는 다음의

그림 4-23. 김홍도(추정),
〈공자관기기도〉

제발문(題跋文)이 적혀 있다.

공자께서 주나라 사당을 구경했는데, 기기란 것이 있었다. 물을 부
어 시험하니 텅 비면 기울고 적절하면 바로 서고 가득 차면 엎어졌
다. 공자께서 제자를 돌아보며 "아, 어찌 가득 차면서도 엎어지지
않는 것이 있겠는가"라고 하셨다.[30]

공자고사도에는 기운 것, 평평한 것, 엎어진 것의 세 기기가
장착된 사각형 틀이 정면으로 배치됐고, 그 앞에서 자로와 대화
를 나누는 공자가 표현됐다.

지금까지 언급한 공자고사도는 성적도나 《양정도해》 등 교훈
용 교재의 한 장면으로 편집되거나 도통의 계보를 시각화한 성
현고사첩에 수록됐다. 그러나 '공자관기기'는 전혀 시대적 연관
성이 없는 열 개의 이야기를 재현할 때 선택됐다. 즉 고사의 풍
류와 남다른 일화를 시각적으로 알려주는 고사인물화 연작에 독
립된 화제로 포함된 것이다. 이 작품군은 일견 연관성이 없어 보
이는 유명한 인물들을 한 화면에 모아 고사의 다양한 유형을 소
개하면서 시공을 초월한 지식인의 남다른 삶을 보여준다. 이에
'공자관기기'는 기기라는 독특한 기물과 공자의 일화를 동시에
제시하며, 고사인물화의 서술적 특성을 드러내준다. 감상자는

성현의 일화를 통해 감계와 교훈의 메시지를 전달받음과 동시에, 그들의 남다른 일화와 풍류를 공유하면서 그림의 주인공을 동경했을 것이다. 따라서 고사인물화 연작에 포함된 공자관기기도는 좌우명의 교훈뿐만 아니라, 공자의 남다른 행적을 감상할 수 있는 서술적 인물화인 셈이다.

유학자,
공자의 사유와
행적을 따르다

공자의 호칭과
문묘의 전개

중국에서 유학은 역대 왕조에 따라 다른 양상으로 수용됐다. 공자를 부르는 호칭도 시대마다 달랐다. 공자는 춘추시대부터 성인으로 존숭됐다. 공자의 사상을 계승한 맹자가 공자를 "성인의 시중(時中)한 분", 즉 가장 시대에 맞는 뛰어난 성인으로 평가하면서 "공자 같은 분이 계시지 않았다"라고 극찬했기 때문이다.[1] 한 대에는 주공과 공자를 통칭하여 '성사(聖師)'라고 했다. 선성(先聖)인 주공과 선사(先師)인 공자를 함께 호명한 것이다. 그러나 위진시대에는 '공자·안회'로 대체됐고, 남북조시대가 되면서 북위는 '요·순·우·주공·공자'의 5인, 남제는 '주공·공자', 북제는 '공자·안회'로 조합됐다. 정리하면 '주공, 공자'와 '공자, 안회'의 두 계열로 분류되어 호칭이 전개됐다.

당 대에도 황제에 따라 공자와 조합되는 인물이 번번이 바뀌었다. 624년(무덕 7)에는 주공을 선성으로, 공자를 선사로 추존하여 석전(釋奠)을 지냈다. 석전이란 사당이나 학교에서 선성선사(先聖先師)를 추모하기 위해 올리던 의식을 일컫는다. 이후 628년(정관 2) 방현령(房玄齡, 578~648)과 주자치(朱子奢, ?~641)의 건의에 따라 주공을 파사하고 공자를 선성으로 올리며 안회를 선사로 배향했다. 666년(건봉 원년)에는 공자를 태사(太師)로 승격했다. 태사는 주나라에서 군주를 보필하는 최고위 관직이다. 공자를 태사라 부른 것은 그를 최고 자리에 오른 가장 명예로운 신하로 여겼음을 의미한다. 이후 723년(개원 12) 반포된 개원령(開元令)에 따라 주공이 폐지되고 '공자, 안회' 계열로 통일됐다. 십철(十哲, 민손·염경·염옹·재여·단목사·염구·중유·언언·복상·전손사)과 72제자의 종사도 결정됐다.

739년(개원 27) 공자는 드디어 황제의 반열에 올랐다. 현종이 공자에게 '문선왕'이라는 시호를 선사한 것이다. 《구당서(舊唐書)》에는 "공자가 이미 선성이라 일컬어지니 시호를 문선왕이라 할 만하다. (……) 여러 제자에게는 공후의 작위를 주었다"라는 기사가 나온다. 공자에게 문선왕이, 제자에게 공후의 작위가 부여됐다. 공자의 위상이 신하의 지위에서 군주의 지위로 전환된 것이다. 이렇듯 공자를 일컫는 명칭은 시대에 따라 변화했지만, 당 현종 연간에 확정된 문선왕은 공자를 가리키는 기본 용어가 되어 명 대까지 지속됐다. 송 진종 때는 지성문선왕(至聖文宣王)

이라 했고, 원 성종(成宗, 1265~1307) 때인 1307년(대덕 11)에는 '대성지성문선왕(大成至聖文宣王)'이라 했다. 공자의 지위가 점점 올라갔다.

공자를 문선왕으로 추존한다는 것은 공자의 위상을 왕으로 격상하여 제왕과 공자를 동일시하면서 공자의 도를 바탕으로 강력한 통치를 펼치겠다는 의도다. 명 대에 들어서면서 공자 숭배는 더욱 강해졌고, 지배자로 승격된 공자 제사는 더욱 성대해졌다. 그러나 명 세종(世宗, 朱厚熜, 嘉靖帝, 1507~1567) 9년(1530) 공자는 왕이 아니므로 제후 반열인 '지성선사 공자(至聖先師孔子)'로 불려야 한다는 의견이 제기됐다. 장총은 공자의 사전(祀典)이 나라를 어지럽혔기 때문에 공자의 명칭도 대성지성문선왕에서 지성선사로 바꾸어 공자의 지위를 왕이 아닌 성인이나 스승으로 바로잡아야 한다고 건의했다. 이 명칭은 청 대에도 지속됐다. 1645년(순치 2)에는 '대성지성문선선사(大成至聖文宣先師)', 1657년(순치 14)에는 지성선사 등의 용어로 대체하고 더 이상 문선왕이라고 하지 않았다.[2]

공자의 지위 변화는 그를 기리는 공간과 내부에 설치된 시각물의 변화도 초래했다. 일반적으로 공자 제사를 지내는 공간을 문묘(文廟)라고 한다. 즉 공자와 그의 제자 및 유학자의 위패를 모셔두어 도통의 계보를 드러낸 사당이다. 문묘에서 공자 제사를 지낸 기록은 한 대부터 발견된다. 후한 시기 주공과 공자를 함께 제사 지내다가 위나라에서 안회를 배향하기 시작했으며, 당 태종이 주공 제사를 폐하고 공자를 주신 자리에 앉히는 등 여러 차례 문묘의 제사 형식이 변화했다. 이 과정에서 공자 제사는 고향인 곡부의 궐리에서 행해지다가 점차 태학에서 다른 건물로 옮겨져 거행됐다.

한 대 문묘에서는 위패만 모셨다. 남북조시대에는 조각과 화상이 장식됐다. 739년(개원 27) 문선왕 시호가 내려지면서 공묘의 배치가 확립됐다. 이전 공묘에서 주공은 남면되고 공자는 서쪽 벽 아래에 배치됐다. 당 태종의 정관 시기, 주공 제사를 폐한 뒤에도 공자의 자리는 그대로 두었다. 이후 2경의 국자감을 비롯한 여러 장소에 공자를 남향으로 두고, 안회도 배향했다.[3] 이렇듯 당 현종 시기에 확립된 문묘 석전제에서 주공 제사가 완전히 없어지면서 공자의 위상이 견고해졌다. 당시 문묘에는 안회 등 십철의 좌상과 증삼의 소상(塑像, 흙으로 만든 인물 조각)이 배열됐고, 주위 벽에는 92인의 초상이 걸렸다. 문선왕으로 호칭된 공자는 황제의 의복인 면복을 갖추었다.

송 대에 주자학이 성립되면서 새로운 형식의 종사(從祀)가 등장했다. 공자와 더불어 사성의 배향과 송 대 성현의 종향이 함께 이루어진 것이다. 이러한 형식은 12세기 후반 이미 주자가 시작한 것으로 보인다.[4] 석전은 원을 거쳐 명 초까지 지속됐다. 그러나 1530년(가정 9) 문선왕을 지성선사로 명명하면서 대성전이 공묘로 바뀌었다. 1382년(홍무 15)에는 잠시 목주(木主, 나무 위패)가 소상으로 격상되고 천자의 면복을 한 공자 조각이 등장했으나 다시 목주로 대체되고 소상과 벽화도 철거됐다.[5] 청 대에는 문선왕의 호칭이 삭제됐으나 다시 대성전을 설립하여 석전제를 지냈다.

그러면 우리나라에 문묘는 언제부터 설치됐을까? 정확한 시기는 알 수 없지만 삼국시대에 유학이 들어와 대학이 설립되면서부터인 것으로 추정한다. 《삼국사기(三國史記)》에는 '공자묘당대사록사(孔子廟堂大舍錄事)'라는 직함이 등장하고, "성덕왕 16년 당나라에 갔던 수충(守忠)이 돌아와 문선왕, 십철, 72제자의 화상을 바쳐서 대학에 안치했다"라는 기록이 나온다. 따라서 적어도 신라 성덕왕 16년인 717년에는 문묘가 존재했다는 말이다.[6] 고려시대에는 공자가 지성문선왕 혹은 대성지성문선왕이라고 불렸다. 당 현종 시기에 정해진 존호다. 또 《고려사(高麗史)》에는 성종(成宗, 960~997) 2년, 즉 983년에 박사 임성로(任成老)가 송에서 〈태묘당도(太廟堂圖)〉 1폭, 〈사직당도(社稷堂圖)〉 1폭, 〈문선왕묘도(文宣王廟圖)〉 1폭, 〈제기도(祭器圖)〉 1권, 〈칠십이현찬기(七十二賢贊記)〉 1권 등을 들여와 국자감에 안치했다고 기록돼 있다. 현종(顯宗, 992~1031) 11년, 즉 1020년에는 최치원이 문묘에 종사됐고, 11세기 초반에는 왕실이 문묘를 설치하고 공자 제사를 진행했다.[7] 선종(宣宗, 1049~1094) 8년, 즉 1091년 9월에는 예부에서 국학 벽에 '72현'을 그리되, 위차(位次, 위계의 순서)는 송나라 국자감에서 찬한 대로 하며, 의복은 십철을 모방하라는 지시가 있었다. 공자상과 더불어 72제자상도 함께 그린 것이다.

공자상 조성과 더불어 주목할 인물은 처음으로 국내에 주자학을 소개한 안향(安珦, 1243~1306)이다. 안향은 1289년 11월 왕과 공주(원나라 공주로서 당시 고려의 왕후)를 모시고 원나라에 가서 주자서(朱子書)를 직접 베끼고 공자와 주자의 화상을 그려서 이듬해 귀국했다. 공자와 주자의 학통을 중요시한 안향은 국학의 대성전을 신축하고 박사 김문정(金文鼎)을 원나라에 보내 공자와 제자의 화상인 〈선성십철상〉과 문묘에 설치할 제기, 악기, 육경, 사서, 주자서를 구해오도록 했다. 이러한 기록은 고려시대에 문묘 설치와 더불어 공자 초상을 봉안하는 전통이 어느 정도 확립됐음을 알려준다. 초상과 더불어 공자 소상도 함께 모셨던 것으로 보인다. 그러나 조선시대에 들어와 문묘에 봉안된 공자상이 우상으로 간주되면서 신주가 그 자리를 대체하는 과정도 전개됐다. 특히 16세기에는 제사에 영정이나 조각상을 없애고 혼백과 신주를 써야 한다는 송 대 유학자의 주장에 힘입어 조선의 문묘에서 공자의 이미지와 이에 대한 숭배가 점차 사라지게 됐다. 일부 지방의 문묘에서 공자상 봉안의 전통을 계승하기도 했다.

현재 우리나라에는 서울 명륜동에 위치한 성균관 문묘를 비롯해 230여 개의 지방 문묘가 있다. 문묘는 유학자를 양성하는 강학의 기능과 성현을 섬기는 제사의 기능을 겸한다. 현재 성균관은 제사 공간인 대성전 구역과 강학 공간인 명륜당 구역으로 분리돼 있다. 그중 성균관 대성전에는 공자를 포함한 39명의 성현이 모셔져 있다. 39명의 성현은 공자, 사성, 십철, 송 대의 육현, 우리나라의 십팔현(설총·최지원·안유·정몽주·김굉필·정여창·조광조·이언적·이황·김인후·이이·성혼·김장생·조헌·김집·송시열·송준길·박세채)이다.[8]

〈대성지성문선왕전좌도(大成至聖文宣王殿座圖)〉(이하 전좌도)(그림 5-1)는 위차가 엄격하게 갖추어진 문묘를 연상시키는 작품이다. 이 작품의 제작 시기, 작가, 국내에 소장된 이유 등에 대해서는 학자마다 견해가 다르지만, 공자를 중심으로 72제자와 당, 송, 원, 명 대의 유학자를 그렸다는 것에는 이견이 없다. 공자상 위에는 '대성지성문선왕전(大成至聖文宣王殿)'이라고 쓰여 있고, 각각의 인물상 위에는 사각형의 붉은 문패가 달렸으며, 그 안에 봉호(封號)가 금니로 표기되어 인명을 정확히 알 수 있다. 공자는 주향(主享)되어 있고, 사성은 배향, 십철은 종향되어 있으며, 72제자는 동무(東廡, 문묘 안 동쪽에 있던 건물)와 서무(西廡)에 각각 종사

되어 있다. 공자의 시선이 머무는 맞은편 마당에는 당, 송, 원 대의 유학자 열 명이 자리한다.

인물 배치는 문묘에서 동무와 서무에 봉안된 위차를 그대로 따른다. 심지어 화면 좌우에 전나무와 소나무가 각각 표현되어 마치 축소된 문묘를 보는 듯하다. 공자를 비롯한 90여 명의 인물은 모두 한 개의 유가 달린 면류관을 썼다. 특히 공자는 현성(玄 聖)의 특성을 표현하려 한 듯 얼굴빛이 검고 이목구비가 큼직하고 흰 이를 드러내고 있다. 노란 치마에 화려한 금박으로 장식된 검은 상의를 입었다. 그러나 복식에서 12장(十二章, 천자의 의복에 붙이던 열두 가지 무늬)은 확인되지 않는다. 결국 〈전좌도〉는 대성전의 모든 위차를 그림으로 설명해주는 문묘 종사도인 셈이다.

이렇듯 도통은 문묘에 봉안된 성현의 위패 배치로 그 서열이 확연히 드러난다. 문묘가 문선왕을 모신 사당이기 때문에 문묘 종사와 위패 진설의 기준은 공자의 도를 실현한 정도에 따라 달라졌을 것이다. 그러나 이는 단지 학문과 진리의 계승에 국한된 문제가 아니었다. 정치색과 권력 구조가 여과 없이 드러나는 '힘'의 문제였던 것이다.

그림 5-1. 〈대성지성문선왕전좌도〉   5. 유학자, 공자의 사유와 행적을 따르다 **195**

도통의 획립과
그 시각화

인명도설

조선시대의 문집을 보면 공자의 사상 체계, 학문적 성과, 행적 등을 언급하거나 재평가하는 기록이 쉽게 발견된다. 또 공자의 일화를 그림으로 표현한 고사도 역시 조선시대 전반에 걸쳐 꾸준히 제작됐다. 공자뿐 아니라 그의 제자, 맹자 그리고 송 대의 성현(聖賢)에 대한 존경과 추종이 일반화되어 이들을 대상으로 한 초상화나 고사도가 문인 사이에서 사랑받은 것이다. 일반적으로 공자와 그의 학문을 추종한 성현은 단독 초상으로 감상됐지만, 여러 명의 초상화가 장첩(粧帖)된 화첩이나 병풍으로도 제작됐다. 유학의 맥과 그 계승, 즉 도통의 계보를 의도적으로 시각화하기 위해서다.

　도통이란 유학에서 언급하는 도가 계승되어 내려온 계통을 뜻한다. 송 대 이후 등장한 신유학자가 도교, 불교와 다른 유학의 정통성을 옹호하기 위해 세운 체계인 것이다. 이 용어를 본격적으로 사용한 인물은 송 대에 신유학을 집대성한 주자로 알려져 있다.[9] 도의 계승은 학문적 전승 형식으로 체계화된다. 도통의 시각화는 유학을 대하는 가문이나 당파의 해석과 이를 통한 정치적 표명을 드러낸다. 특히 조선 성리학의 정통 계보는 중종반정 이후 정치적으로 급부상한 사림 세력에 의해 구성됐다. 사림의 사우(師友), 붕우(朋友) 관계가 정당성을 얻게 되면서 그들의 논리를 뒷받침하는 지식 권력이 새롭게 형성된 것이다.[10]

문묘로 확립된 도통을 도표화한 것이 바로 도설(圖說)이다. 도설 가운데 유교 도상에서 도의 올바른 줄기를 유학자의 이름으로 도식화한 인명도설(人名圖說)은 유교의 학맥을 표기하는 중요한 시각물이다. 송 대의 웅절(熊節)이 편찬하고 웅강대(熊剛大)가 주를 단《성리군서(性理群書)》에는 주돈이, 장재(張載, 1020~1077), 사마광, 정호(程顥, 1032~1085), 정이, 주자 등 송 대 유자의 글 그리고 그들의 학맥과 학통의 이해를 돕기 위한 인명도설이 수록되어 있다(그림 5-2). 이 도표는 인명도설의 기능과 역할을 적절하게 활용한 좋은 예다. 이렇듯 유교에서 도설 제작이 본격화된 시기는 송 대의 이학(理學) 시기부터다. 그리고 이 전통은 명 대와 청 대를 거쳐 현대에 이르기까지 지속되고 있다.

우리나라에서도 적잖은 유학자가 그들의 학문적 이해와 성취를 도설로 제작했다. 인명도설에 제시된 인물이나 그 순서는 조선의 성리학자가 인식한 도통 체계와 학문 계보를 나타낸다. 특히 인명도설은 후대의 성현고사도 제작에도 반영된 것으로 보인다. 화제의 선별이나 순서가 이 도식을 충실히 따르고 있기 때문이다. 조선 중기까지는 인명도설에 왕통과 성통(聖統, 임금의 혈통이나 계통)이 함께 표현됐다. 그러나 조선 후기부터는 학통만 도식화된 사례가 많이 발견된다.

16세기의 문인이자 관

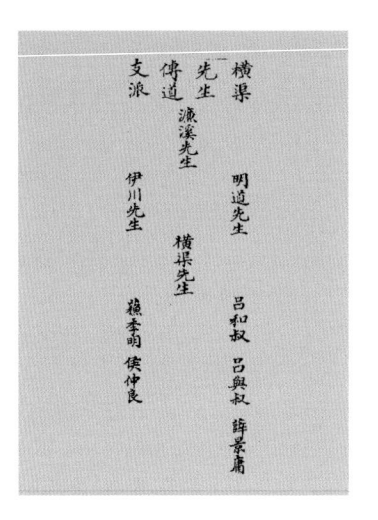

그림 5-2.
《신편성리군서구해(新編性理群書句解)》

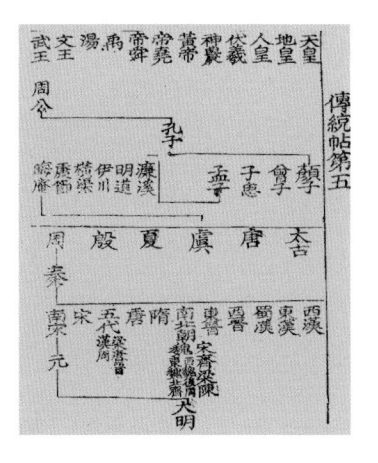

그림 5-3. 장현광, 〈전통첩〉

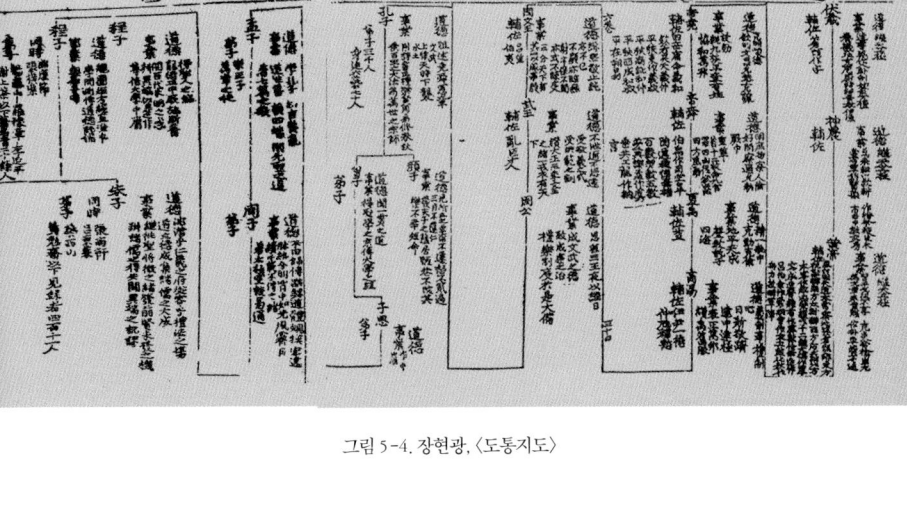

그림 5-4. 장현광, 〈도통지도〉

료였던 장현광(張顯光, 1554~1637)은 인명도설로 학맥과 도통을
설명했다. 유학이나 역학에 조예가 깊었던 그는《우주요괄첩(宇
宙要括帖)》과《역학도설(易學圖說)》에서〈전통첩(傳統帖)〉(그림 5-3)
과〈도통지도(道統之圖)〉(그림 5-4)를 제시하면서 도학의 줄기를
도설로 표기했다.[11]〈전통첩〉에서는 천황(天皇), 지황(地皇), 인황
(人皇)을 이어 복희부터 시작된 도통이 주자(주희)에까지 이른다.
〈도통지도〉의 인명 계보는〈전통첩〉보다 훨씬 자세하고 복잡한
데, 여기서는 소옹을 장재, 정이, 정호와 함께 주자와 동시대 인
물로 병기했다. 즉 천지인황과 복희에서부터 주자에 이르는 도

하의 줄기를 구체화한 것이다.

인명으로 표기된 도통은 공자 이전과 이후로 나뉜다. 공자 이전은 제요·제순·하우·상·탕·문왕·무왕·주공인데, 이들은 모두 내성외왕(內聖外王)의 전형이다. 공자에서 새롭게 시작한 도통은 맹자를 마지막으로 끊겼지만, 면면이 이어오다가 주돈이에서 부활한다. 주돈이가 개창한 도학은 그의 문하생인 정이, 정호와 장재, 소옹에게 전해졌고, 마지막은 주자가 집대성했다. 맹자에서 사라진 도통을 주돈이가 부활하여 정이에게 전수한다는 도식은 정이 철학의 후계자인 주자가 선배 유학자의 일대기를 정리한 《이락연원록(伊洛淵源錄)》에서 유래한 것이다.

조선 후기의 문인 안정복(安鼎福, 1712~1791)은 26세 때인 1737년 역대 제왕을 그린 치통도(治統圖)와 성현의 계통을 그린 도통도(道統圖)를 구분하여 제작했다. 치통도는 상고시대부터 명, 청에 이르기까지 왕의 계보를 나타낸 그림이다. 반면 도통도는 "첫머리에 주자(周子)의 역도(易圖)를 내걸어 도의 근본을 밝혔고, 계속해서 복희, 신농, 요, 순, 공자, 맹자 등과 염락(濂洛)의 여러 현인 및 원나라와 명나라의 제유를 정통(正統)과 방통(旁統)으로 나눈 다음, 상도와 하도로 만든 계보"다.[12] 공자와 요순이 치통도가 아닌 도통도에 포함된 것이 흥미롭다.

윤두서와 채용신이 그린 도통성현도

성현의 초상화나 고사인물화에서도 인명도설과 유사한 구성이 발견된다. 먼저 명 대에 〈오현도(五賢圖)〉를 소장했던 이만부(李萬敷, 1664~1732)의 글이다. 〈오현도〉는 퇴계의 문인 노수신(盧守愼, 1515~1590)이 소장했고, 그의 4대손 노현수(盧玄壽)에게 전해진 성현도다.¹³ 한 폭에 다섯 성현이 모두 등장하는데, 화면 중앙에 앉은 주돈이를 중심으로 오른쪽에 정호와 장재가, 왼쪽에 정이와 주희가 서 있다. 이만부는 성현 초상을 무척 좋아했는지 직접 〈십성현상(十聖賢像)〉을 모사하기도 했다. 그의 아버지 이옥(李沃, 1641~1698)은 〈화상찬〉에서 아들 이만부가 "위로 공자부터 아래로 주자에 이르는" 열 명의 성현을 추려내《군신도상첩(君臣圖像帖)》을 만들었다고 밝혔다. 그리고 "눈으로 성현을 보는 것이 마음으로 가르침을 체득하는 것보다 못하다"라며 성현의 가르침을 마음에 새기라고 아들에게 충고했다.¹⁴ 이만부 외에도 적잖은 조선의 문인이 성현 화첩을 모사하거나 스스로 제작했다.

초상 형식의 성현도는 도설이나 고사인물화에 비해 유학의 계보를 직접적으로 전달한다. 따라서 많은 문인이 서실 벽감에 초상화를 걸어두고 "새벽부터 저녁까지 바라보고 사모하여 좌우로 조심하면서 공경"했다. 윤두서(尹斗緖, 1668~1715)가 처삼촌

인 이형상(李衡祥, 1653~1733)의 요청으로 그린 〈오성도(五聖圖)〉역시 초상 형식의 성현도다. 이형상은 1706년 여름 영광 군수를 사직한 다음 영천으로 와서 호연정(浩然亭)을 짓고 후진 양성과 저술에 몰두했다. 〈오성도〉역시 그가 영천으로 온 직후에 제작 됐다.[15]

이형상은 윤두서에게 기자(箕子), 주공, 공자, 안자, 주자의 초상을 부탁했다. 윤두서가 초상화를 완성하자 이를 벽감에 안치하고 분향하며 추모했다. 그리고 "강릉의 부자(夫子, 공자) 사당과 해주의 청성사(淸聖祠)를 사랑하고, 자신이 기거했던 영천 성고(城皐)의 음이 공자, 안자, 주자가 살던 곳의 지명과 부합"한다고 언급했다. 주자도 서실에 옛 성인의 화상을 모사한 후 아침저녁으로 절하며 공경했다.[16] 이형상도 주자를 본받아 자신의 서재를 문묘처럼 꾸몄다. 성현의 도학을 체득하면서 그들의 뒤를 이어 도통지도의 구성원이 되고 싶었던 것이다. 따라서 성현상이 걸려 있는 서재는 매일 "큰 제사를 지내고 배향 의식을 거행하는" 대성전이나 다름없었다. 이는 또 다른 의미의 문묘 배향이며, 초상 형식의 성현상이 갖고 있는 종사(從事)의 기능을 알려주는 행위다.

주공에서 시작되는 도통 계보는 윤두서의 《십이성현화상첩(十二聖賢畵像帖)》에서도 확인된다. 윤두서는 처삼촌 이형상의 요청으로 《오성도첩》을 완성했고, 이를 완성한 지 몇 달 뒤 이잠의 부탁으로 《십이성현화상첩》을 제작했다.¹⁷ 《오성도첩》과 더불어 《십이성현화상첩》은 왕통을 생략하고 성인의 도통만 시각화한 작품이다. 윤두서는 주공을 비롯한 공자, 안회, 증삼, 맹자, 소옹, 정이, 정호, 주자, 황간(黃幹, 1152~1221), 채침(蔡沈, 1167~1230)을 네 폭에 나누어 그렸다. 이익(李瀷, 1681~1763)은 《십이성현화상첩》의 서문을 썼다. 그의 서문은 다음과 같이 시작된다.

도는 천지 사이에서 만고(萬古)의 세월이 흘러도 유구하고, 수천 명의 성인을 거쳐도 궤도를 같이한다. 그러나 시기에는 쇠퇴한 때와 융성한 때가 있으니, 도가 행해지고 행해지지 않는 것은 그것에 달렸다. 그러므로 주공과 같은 성인이 세상을 만난 것이 어떠했던가.

이어서 이익은 주공의 성덕을 칭찬하면서 공자를 언급했다. 공자와 주공의 마음이 합치된 지점을 찾아 도의 계보를 형성한 것이다. 다음엔 맹자가 등장한다. 맹자의 "문왕에서 공자에 이르기까지가 500여 년이다"라는 구절을 인용하며, 제요·제순에서 문왕과 무왕까지 왕도(王道)가 시행됐고, 주공에서 주자까지 인간을 다스리는 치도(治道)가 전파됐으니, 이러한 가르침이 없었더라면 왼쪽으로 옷깃을 여미는 오랑캐가 됐을 것이라고 역설했다. 이익의 부언은 이렇게 이어진다.

아, 덕이 높으면 이름을 붙일 수 없고 은혜가 크면 보답할 수 없는 법이다. 그러므로 바다처럼 드넓고 땅처럼 광대한 규모를 지니고 있다면, 끝내 그러한 까닭을 알 수 없는 것이다. 오늘날 육경(六經)의 문자를 읽지 않는 사람이 없어서, 식견이 얕은 사람은 그 말을 터득하고 식견이 높은 사람은 그 마음을 터득한다. 그런데 그 마음을 터득하여 성현을 알게 되더라도 오히려 미진하다고 여기면, 이에 화상을 구하여 추모할 것을 생각하니, 이것이 바로 화상첩(畫像帖)이 만들어지는 까닭이다.[18]

이익이 서문에서 밝혔듯이 《오성도첩》과 달리 《십이성현화상첩》은 성현 각자의 초상과 그들의 사승 관계를 함께 제시했다. 문자로는 불충분한 성현을 흠모하는 마음과 학맥 과시를 초상 형식으로 표현했다. 이는 조선 후기 성현고사첩에 유학자의 도통 계보가 암암리에 반영되어 있음을 알려주는 예라고 할 수 있다.

먼저 이 화첩의 첫 장면은 주공(그림 5-5)이다. 주공은 신발을 받침대 위에 벗어놓고 장병(障屛)을 배경으로 공수 자세로 평상에 앉아 있다. 주변 탁자에는 장도와 단도, 보자기에 싸인 둥근 통 등이 놓여 있다. 두 번째 장면은 공자와 그의 제자인 안회, 자

그림 5-5. 윤두서, 〈주공〉, 《십이성현화상첩》(이하 동일)

그림 5-6. 윤두서, 〈공자, 안회, 자유, 증삼〉

그림 5-7. 윤두서, 〈맹자, 소옹, 정이, 정호〉
그림 5-8. 윤두서, 〈주자, 황간, 채침〉

그림 5-9. 〈기자 초상〉(석당본)
그림 5-10. 〈주자 초상〉(석당본)

유, 증삼이다(그림 5-6).[19] 공자는 병풍 앞 단상 위에 앉은 모습이고, 공자 오른쪽의 안회와 자유는 서 있으며, 왼쪽의 증삼은 앉아 있다. 공자는 건을 썼고, 의(衣), 중단(中段), 상(裳)을 입었으며, 띠를 둘렀다. 안회는 소관을, 자유와 증삼은 치포관을 썼으며, 복식은 공자와 동일하다. 혼자 단상에 올라앉은 공자는 자상한 스승이 아닌 위엄과 권위를 갖춘 지도자이며, 단상 밑에 있는 문도는 배움을 갈망하는 제자가 아닌 절대적 지도자에게 부복하는 복종 자다.

소옹은 세 번째 장면에 맹자상과 함께 등장한다(그림 5-7). 이익은 서문에서 "소강절과 정이천 형제, 세 분이 팔을 모으고 서서 맹자의 진(眞, 초상)을 바라보는 것을 합해 한 폭으로 했다"라고 밝혔다. 그림 속의 맹자, 소옹, 정호, 정이는《삼재도회(三才圖會)》를 토대로 묘사됐다. 맹자는 벽에 걸린 축에 초상 형태로 그려졌고, 세 명의 학자는 나란히 서서 맹자 초상을 감상하거나 대화를 나누고 있다. 마지막 네 번째 장면에서는 주자와 제자들의 모습이 그려졌다(그림 5-8). 주자는 교의에 앉아 있고, 제자 황간과 채침은 서 있으며, 둥근 창호 사이로 대나무 한 그루가 보인다. 왼쪽을 바라보는 주자는 표피를 깔고 앉아 있다. 윤두서는 성현도를 통해 도통을 그림으로 계보화했다. 유교적 질서와 엄격한 학통의 서열을 시각화한 것이다.

초상 형식으로 표현되는 도통의 계보는 동아대학교 석당박물관에 소장된 성현 초상(이하 석당본)에서도 발견된다. 앞서 언급했듯이 석당박물관에는 사구관을 쓴 관리 모습의 〈공자 초상〉뿐만 아니라, 크기가 비슷한 〈기자 초상〉(그림5-9), 〈주자 초상〉(그림 5-10)과 그보다 큰 〈송시열 초상〉이 함께 소장되어 있다. 〈제갈량상〉까지 같은 화가의 솜씨로 추정되는 이 작품군은 19세기에

그림 5-11. 〈송시열 초상〉(석당본)
그림 5-12. 김창업, 〈송시열 초상〉

존재했던 학통의 계보를 알려주는 초상화다. 모두 비단에 화사한 색으로 그려졌으며, 화면 상단에는 송시열의 후손인 송래희가 쓴 찬문이 적혀 있다.

특히 〈송시열 초상〉은 심의에 방건을 갖춘 선비의 모습으로 완성됐다. 현재 남아 있는 송시열의 초상화 20여 점은 모두 관복본이 아닌 유복본이다. 송시열은 생전에 정승까지 지낸 높은 관리였으나 스스로 공복을 짓지 않고 빌려 입거나 주자의 옷이라 알려진 심의를 즐겨 입었다. 스스로 심의 차림의 초상화를 주문하여 공자와 주자를 섬기는 유학자로서의 존재감을 드러내고자 한 것이다. 결국 유복본 초상은 고관대작이 아닌 산림의 영수이자 주자학의 계승자인 송시열을 표현한 그림이다.

석당본 〈송시열 초상〉(그림 5-11)은 제천 황강영당에 소장된 심의와 방건 차림의 〈송시열 초상〉(그림 5-12)과 가장 유사하다. 황강영당의 초상화는 송시열의 존숭이 극대화된 18세기 작품이다. 김창업(金昌業, 1658~1721)이 초를 뜨고 화사가 채색하여 완성했다. 석당본 〈송시열 초상〉은 피부 채색에 흰색이 많이 섞였고, 눈썹에 농묵의 선이, 수염에 호분의 선이 주로 사용됐다. 그림의 좌우가 잘려나간 듯 여백이 매우 적은데도 송래희의 찬문이 빼곡하게 적혀 있다. 결국 석당본 성현 초상은 송시열이 존경했던 유학자와 공자, 기자, 주자로 이어지는 학문의 계보를 초상화로 표현한 도통지도라 할 수 있다.

개화기의 뛰어난 초상화가였던 채용신 역시 성현 초상화를 그렸다. 창암(蒼巖) 박만환(朴晩煥, 1849~1926)이 정읍에 세운 영주정사(瀛洲精舍) 내의 영양사(瀛陽司)에 봉안된 공자, 기자, 맹자, 주자, 안자, 증자, 자사, 소강절, 주염계(주돈이), 장횡거(장재), 정명도(정호), 정이천(정이)의 초상화가 그것이다.[20] 정읍의 부농인 박만

환은 의금부 도사와 삼례 찰방을 지낸 인물이다. 아들 금둔(金遯) 박승규(朴升圭)와 함께 일제강점기에 항일운동 자금을 제공하거나 국권 회복을 위해 노력했다. 그는 1903년 강당인 영주정사를, 1909년 사당인 영양사를 세웠고, 채용신에게 영양사의 봉안할 성현도를 주문했다.[21] 영양사의 서쪽 한 칸에는 기자의 영정을, 동쪽 두 칸에는 공자를 주향으로 하여 안자·증자·자사·맹자를 배향했으며, 주돈이·정호·정이·장재·소옹·주자를 종향했다. 기자를 제외한 열한 명의 성현은 도통지도나 인명도설에 자주 등장하는 인물이다. 도설에서 생략된 기자상이 윤두서의 〈오성도〉나 영양사의 서쪽 한 칸에 배치된 것은 조선 후기부터 확산된 기자 숭배 사상을 엿볼 수 있는 증거다.[22]

열두 성현의 초상화에서 가장 크게 그려진 인물은 공자(그림 5-13)다. 공자는 사구관을 쓴 채 유일하게 경상을 마주하고 정면상으로 앉았다. 얼굴과 옷 주름에 음영을 강하게 표현하여 자연스럽게 입체감을 나타냈다. 채용신은 공자의 얼굴을 그릴 때 큰 귀, 드러난 치아, 큰 머리로 대표되는 공자 특유의 인상을 거의 배제했다. 그리하여 그림 속의 공자는 유복을 입은 인자한 학자처럼 보인다.

도통 계보를 표현한 유학자의 인물화는 초상 형식 외에 고사인물화나 성현유적도 형식으로도 완성됐다. 우선 문헌을 보면

《퇴계집(退溪集)》, 《회당집》, 《여헌집(旅軒集)》에 공자와 그의 제자, 북송의 성현 및 주자의 고사를 함께 장첩으로 묶어 유학의 계보를 표명한 고사 인물 병풍이 기록되어 있다. 신원록(申元祿, 1516~1576)이 1539년 가을, 선조 문강공이 소유했던 8첩 그림에 쓴 화제와 장현광이 김휴(金烋, 1597~1638)의 아들 만웅(萬雄)에게 그리게 한 화제는 명군

그림 5-13. 채용신, 〈공자 초상〉

으로 이름을 떨쳤던 제요와 제순, 명재상이었던 주공, 정치가이자 사상가였던 공자, 송 대의 다섯 성리학자에 대한 내용을 담고 있다.

신원록과 장현광의 동일한 여덟 화제는 '제요모자토계(帝堯茅茨土階, 제요의 초가지붕과 흙 계단)', '제순남훈전탄금(帝舜南薰殿彈琴, 남훈전에서 오현금을 타는 제순)', '주공좌이대조(周公坐而待朝, 주공이 앉아서 날이 새기를 기다리다)', '공자행단수수(孔子杏壇授受, 공자가 행단에서 제자를 가르치다)', '주렴계정초교취(周濂溪庭草交翠, 주돈이의 뜰에

잡초가 자라 푸르다)', '정명도방화수류(程明道傍花隨柳, 정호가 봄에 꽃과 버들을 따라 노닐다)', '소강절안락와(邵康節安樂窩, 소옹의 안락한 집)', '주회암무이정사(朱晦庵武夷精舍, 주자의 무이정사)'다. 기록으로만 남아 있는 이 작품은 장현광의 〈전통첩〉과 〈도통지도〉처럼 왕통과 성통을 동시에 재현한 '회화도설'이다. 그림의 소재가 된 인물이 도설에 등장하는 도의 계승자이며, 고사도의 장첩 구성이 도설에 표기된 인명의 순서와 일치하기 때문이다.

화제를 살펴보면 제요, 주돈이, 소옹, 주자는 기거했던 자택이나 정원, 즉 성현 유적으로, 제순과 주공은 인물 좌상으로, 공자와 정호는 제자 강학이나 정원을 노니는 고사 일화로 표현됐다. 그리고 주돈이 고사에서는 바로 뒤에서 살펴볼 〈육선생화상찬(六先生畵像讚)〉의 "맑은 바람 밝은 달은 끝없이 펼쳐지고, 뜰 가운데 풀은 무성히 푸르렀네(風月無邊 庭草交翠)"가 인용됐다. 〈육선생화상찬〉을 토대로 주돈이의 인품과 기상을 표현한 〈주렴계정초교추〉는 다른 작가의 고사인물화첩에서 주로 '염계애련'이 그려진 것과는 구별되는 제재다. 자연을 즐기는 고사의 일상보다 주돈이가 간직한 높은 인격을 표현하기 위한 것으로 풀이된다.

송 대 학자의 조합과
정선의 고사도첩

인명도설을 시각화한 작품에는 공자와 송 대의 학자 여섯 명의 고사를 함께 묶은 화첩이나 병풍이 적잖다. 이른바 북송육현(北宋六賢)이라 불리는 이들은 주돈이, 정호, 정이, 장재, 소옹, 사마광이다. 주자는 북송 대에 형성된 성리학 이론을 토대로 자신의 철학을 정립했고, 주돈이·장재·정호·정이로 이어지는 새로운 계보를 설명하기 위해 도통론을 창안했다. 이를 입증하듯 그는 주돈이, 장재, 사마광, 정호, 정이, 소옹의 상을 감상하며 〈육선생화상찬〉을 지었다. 전문을 소개하면 다음과 같다.[23]

염계(濂溪) 선생

도가 없어진 지 천년에

성인이 멀어지고 그 말씀도 사라졌을 때,

선각자가 있지 않았다면

누가 우리를 열어주었겠는가.

글로는 말을 다 표현하지 못하고

그림도 그 뜻을 다하지 못했네.

맑은 바람 밝은 달 끝없는 경계

뜰의 풀은 서로 어울려 푸르도다.[24]

명도(明道) 선생

태양처럼 온화하고 산처럼 우뚝하며

옥 같은 얼굴에 금 같은 목소리

원기가 응집하여

온전함 타고났네.

상서로운 해와 구름 같고

온화한 바람과 단비 같았네.

용덕(龍德)이 바른 자리에 있어

그 혜택 널리 베풀어졌도다.[25]

이천(伊川) 선생

규구(規矩)처럼 원만하고 방정하고

먹줄처럼 곧고 준(準)처럼 공평했네.

참으로 군자다운 분

실로 대성하셨도다.

포백(布帛)과 같은 문장

숙속(菽粟)과 같은 맛이로다.

덕을 아는 이 드무니

누가 그 귀함을 알겠는가.[26]

강절(康節) 선생

하늘이 인걸을 내놓아

뛰어난 자질 세상을 뒤덮었네.

바람을 타고 우레를 채찍질하여

끝없이 두루 살폈네.

손으로 월굴(月窟)을 만지고

발로 천근(天根)을 밟았도다.

고요함 속에 고금을 넘나들고

취한 중에 건곤을 보았도다.[27]

횡거(橫渠) 선생

젊어서는 《손자(孫子)》(중국 고대의 병법서)와 《오자(吳子)》(중국 고대의 병

법서),

만년에는 노불(老佛)에서 도망했네.

과감히 사석을 거두고

한 번 변하여 도에 이르렀네.

정밀하게 생각하고 힘써 행하여

오묘한 비결 글로 썼네.

완고함을 바로잡은 가르침

나에게 광거(廣居)를 보여주었네.[28]

속수(涑水) 선생

독실하게 배우고 힘써 실천하여

절개 맑고 높았네.

덕 있고 말씀도 남겼으며

공적이 있고 의열함도 남아 있네.

심의를 입고 큰 대를 차고

공손한 모습으로 천천히 걸어가네.

유상(遺象)의 기풍 늠름하여

경박한 사람 숙연하게 하네.[29]

〈육선생화상찬〉은 송 대의 여섯 학자가 깨달은 성리학적 이
치와 도학의 업적에 관한 서술이다. 이는 육현의 인격을 상징하
는 전범으로 자리 잡아 조선시대에 크게 확산됐다. 조선의 지식

인이 주자가 본 송 대 여섯 학자의 초상을 직접 보았을 가능성은 적지만, 〈육선생화상찬〉의 문장은 문사들 사이에서 육현의 범본으로 자리 잡아 육현에 관한 시나 문장에 인용되곤 했다. 예컨대 주세붕(周世鵬, 1495~1554)이 지은 〈육현가〉는 〈육선생화상찬〉의 구절을 토대로 정이, 장재, 소옹, 사마광의 뛰어난 학문과 인격을 노래한 것이다. 또 김창협(金昌協, 1651~1708)은 원 대의 성리학자 구양현(歐陽玄, 1273~1357)이 허노재(許魯齋, 1209~1281)를 육현에 빗대어 칭찬한 것을 기억하면서, 정호를 제외한 북송오현과 주자의 존재감을 부각했다. 즉 "질박하고 후중한 것은 사마군실(司馬君實, 사마광) 같고, 의지가 굳고 결단력이 있는 것은 장자후(張子厚, 장재) 같고, 인품이 고결한 것은 주무숙(周茂叔, 주돈이) 같고, 재주와 지혜가 뛰어난 것은 소요부(邵堯夫, 소옹) 같고, 이치를 궁구하여 지식을 극대화하고 선을 가려 굳게 지킨 것은 정숙자(程叔子, 정이), 주원회(朱元晦, 주희) 같았다"라고 언급한 것이다.[30] 물론 주자의 육현과 조선 문사가 결성한 육현은 다소 차이가 있지만, 모두 학문적 업적과 덕행이 뛰어난 송 대 성리학자의 조합인 것만은 틀림없다.

그런데 〈육선생화상찬〉은 고사인물화의 화제로는 거의 응용되지 않은 것으로 보인다. 육현에 관한 평가나 초상화의 평문에는 〈육선생화상찬〉이 인용된 반면, 정작 육현고사도의 화제로는 거의 사용되지 않았다. 육현을 묘사할 때 〈육선생화상찬〉이 인용된 예는 신흠의 〈벽상오현도(壁上五賢圖)〉를 들 수 있다. 이 작품은 소옹·소광(疏廣)·도연명(陶淵明, 365~427)·대규(戴逵, ?~395)·왕휘지(王徽之, ?~388)를 그린 것인데, 신흠은 소옹상을 감상하면서 "손으로는 달 속의 굴을 더듬고 발로는 하늘의 맨 끝을 밟지(手探月窟 足躡天根)"라는 주자의 문장을 응용했다.[31]

그러나 육현고사도의 화제로는 대부분 성현의 특이한 버릇이나 기이한 행적 또는 일화, 기거했던 유거지가 선택됐다. 예컨대 소옹의 경우 그의 신통력을 알려주는 '천진두견(天津杜鵑)', 사마광이 작은 수레를 즐겨 타는 소옹이 아무리 기다려도 오지 않자 꽃 너머, 즉 낙양에서 꽃구경하고 있을 것이라고 추측한 '화외소거(花外小車)', 밤이 깊었어도 등잔불 아래 옷깃을 바르게 여미고 무릎을 꿇고 앉아 있었다는 '백원정금(百源整襟)', 그의 거처인 '안락와(安樂窩)' 등으로 표현됐다.[32] 정이의 경우는 그가 사천성의 부주(涪州)로 귀양을 가는 사건인 '부강풍도(涪江風濤)', 사제지간의 엄격한 문도를 상징하는 '정문입설(程門立雪)'이 주를 이루며, 정호의 경우는 그가 섬서성 호현의 주부로 재직하던 젊은 시절 지은 〈춘일우성(春日偶成)〉의 '방화수류'가 대부분이다.[33] 〈애련설(愛蓮說)〉을 쓴 주돈이는 연꽃을 감상하는 〈염계애련〉으로 많이 표현됐다.

〈육선생화상찬〉은 은일과 한정(閑情), 탈속과 심미의 감상물인 고사인물화의 제재로 활용되지 않았다. 조선의 문사가 간직한 육현고사도의 향유 욕망이 무엇인지를 알려주는 현상이다. 조선의 문사는 육현고사도를 마주하면서 경직된 도의 이치나 학문의 원리보다, 이를 성취한 옛 성현의 여유 있는 삶과 고매한 인격을 닮고 싶었던 것이다.

이러한 상황에서 공자와 송 대의 성현은 초상화로 제작되어 궐리사에 봉안됐다. 조선시대에는 궐리사가 두 곳에 있었다. 그중 노성 궐리사는 1716년 설립됐다. 송시열은 노성 궐리사를 건립하고자 했으나 뜻을 이루지 못하고 세상을 떠났다. 그러자 권상하(權尙夏, 1641~1721)를 비롯한 송시열의 제자가 노성산 아래 궐리촌(闕里村, 현 위치의 서쪽)에 궐리사를 건립한 것이다. 이듬해 공자의 영정을 봉안하고 공자상과 송 대 육현의 영정을 이안했다. 종이에 백묘로 그린 공자 좌상 아래 여섯 명의 인물이 등장하고, 그 옆에 '동래(東萊)', '회암(晦菴)', '구산(龜山)', '속수(涑水)', '이천(伊川)', '상산(象山)'이라는 호가 적혀 있다. 이들은 송 대에 활동한 성현으로 여조겸(呂祖謙, 1137~1181), 주자, 양시(楊時, 1053~1135), 사마광, 정이, 육구연(陸九淵, 1139~1193)이다.[34] 신민호의 연구에 따르면《노성궐리지》〈본사사적〉에는 장재와 정호의 이름도 기록되어 있어 원래는 여덟 명의 송 대 성현을 모셨던 것으로 보인다. 그러나 지금은 영정이 손상되어 알아볼 수 없는 상태다.

공자와 송 대 팔현의 조합은 앞서 언급한 인명도설과 같은 맥락에서 이해할 수 있는 도통의 성현도다. 조선 후기에 공자와 송 대 육현의 고사도를 가장 많이 그린 인물은 정선(鄭敾, 1676~1759)이다. 정선은 우학문화재단 소장《겸재화첩(이하 우학본)》(그림 5-14~21), 왜관수도원 소장《화첩(이하 왜관본)》, 개인 소장《화첩》, 삼성미술관 리움 소장《칠선생시화첩(七先生詩畵帖)》등 유학자의 고사를 장첩으로 만든 작품을 많이 남겼다. 왜관본《화첩》에는 〈행단고슬도〉를 비롯한 유학자나 성현의 고사를 함께 수록했고, 개인 소장《화첩》에는 주돈이·정호·사마광·소옹·장재를, 우학본《겸재화첩》에는 북송의 육현에 주자와 이동(李侗, 1093~1163)을 더해 수록했다. 그리고《칠선생시화첩》은 주돈이·소옹·정이·정호·장재에, 주자와 조선시대 성리학자인 이황의 고사를 더한 고사첩이다.[35]

송 대의 성현만 수록해 장첩으로 만든 고사첩(故事帖)은 18세기 이전에는 거의 제작되지 않은 것 같다. 이런 면에서 보면 정선의 송 대 성현 고사첩은 그의 회화 업적 중 하나인 셈이다. 정선의 성현고사첩은 문묘 배향에 송 대의 육현이 등장한 상황을 시사한다. 성균관에 위치한 문묘는 도의 핵심 인물인 공자를 모시는 사당이다. 그 문묘 종사는 도통과 당색 등 정치적, 학문적 입지를 결정하고 공식적으로 알리는 중요한 의례였다. 그러므로 문묘에는 도학의 실천과 발전에 큰 공을 세운 성현만 배향됐다. 그런데 조선 문사의 학문 체계와 권력 구도를 극명하게 드러내는 문묘에는 송 대의 육현이 포함됐다는 것은 이 여섯 성리학자에 대한 조선 유학자의 인식이 달라졌음을 증명한다.[36]

정선은 도통을 고수했지만, 성현을 엄격하고 경직된 지도자나 통치자가 아니라 오히려 자연 속에 기거하며 도학을 누리는 처사로 표현했다. 그의 고사인물화는 아름다운 산수가 배경을 이루며, 화사한 담채로 완성됐다. 예를 들면 우학본의 〈방화수류〉는 사방건을 쓰고 지팡이를 든 노선비가 버드나무 아래를 산책하다가 뒤를 돌아보는 산수인물화다. 그림 속 고사의 동작이나 형태는 《개자원화전(芥子園畵傳)》의 인물상과 유사하며, 그의 다른 작품에서도 발견되는 도상이다. 즉 화면에 '방화수류'라는 화제가 생략됐다면, 이 작품이 정호의 고사인물화임을 파악하기란 쉽지 않다. 앞서 언급한 윤두서는 성현을 종사와 존경의 대상으로 존경한 반면, 정선은 고사(高士)의 '이야기'를 감상의 대상으로 향유한 것이다. 따라서 정선이 그린 성현은 유학의 이념을 전수하는 계승자지만, 풍류와 낙도의 꿈을 실현한 탈속적 은일 처사이기도 하다.

그림 5-14. 정선, 〈염계상련〉, 《겸재화첩》(이하 동일),
연꽃을 감상하는 주돈이

그림 5-15. 정선, 〈방화수류〉,
꽃과 수양버들을 따르는 정호

그림 5-16. 정선, 〈부강풍도〉,
유배를 가던 정이가 풍랑을 만난 상황

그림 5-17. 정선, 〈화외소거〉,
사마광이 소옹을 기다리며 쓴 시

그림 5-18. 정선, 〈횡거영초〉,
파초를 좋아한 장재

그림 5-19. 정선, 〈온공낙원〉,
사마광의 은거(隱居)

그림 5-20. 정선, 〈무이도가〉,
주자(주희)가 무이산에 은거했던 이야기

그림 5-21. 정선, 〈자헌잠농〉,
이동(李侗)의 시 〈자헌(柘軒)〉을
화제로 삼아 그림

《칠선생시화첩》(그림 5-22~28)은 앞서 언급한 정선의 다른 화첩과 달리 북송 대 성현인 주돈이, 소옹, 정호, 정이, 장재의 고사도와 주자의 무이도가(武夷棹歌, 武夷九曲圖), 조선 중기 인물인 이황의 도산도(陶山圖)가 함께 장첩된 작품이다.[37] 화첩의 구성을 살펴보면, 먼저 붉은색 종이에 행서로 쓰인 〈화칠선생시의(畵七先生詩意)〉 두 폭이 있고, 북송 대 성현 다섯 명이 지은 시와 그들의 고사도가 각각 다섯 폭 실려 있다. 다음으로는 주자의 〈무이도가〉 10수와 이를 도해한 산수화가 각각 10폭이며, 이황의 시 〈탁영담(濯纓潭)〉과 〈도산도〉가 각각 한 폭씩 있다.

〈화칠선생시의〉를 탈초하면 다음과 같다. 박락이 심하여 일부 문장은 알아볼 수 없다.

화칠선생시의■(畵七先生詩意■)

나는 겸재의 그림을 본 것이 많은데, 정묘(精妙)하고 득의(得意)한 작품은 대체로 드물다. 문장에는 본래 신(神)이 있는데, 단청(丹靑, 그림)이라고 유독 신이 없겠는가. 내가 알기로 겸재는 당대 제일의 명화로서 옛날의 제일가는 명현인 주돈이, 정이, 정호, 장재, 소옹, 주자, 이황의 시의(詩意)를 그렸으니, 마땅히 그 마음과 신이 융회(融會)되고 고무(鼓舞)되어 스스로 깨닫지 못하는 사이에 천기가 유동하여 조화가 그 신비로움을 감추지 못했다. 아, 기이하도다. 공경할 만하고 완상할 만하다.

나는 괴이하게 여기는 일이 있다. 지금 온 세상이 그림을 좋아하는 것을 숭상하여 경상(卿相, 공경)에서 위포(韋布, 선비)에 이르기까지 소장하지 않는 자가 없다. 또 채색과 먹의 바깥에서 그림을 그리는 경우가 있으니, 헐렁한 옷에 넓은 띠를 한 유자(儒者)가 걸음과 행동을 법도에 맞게 조심하는 것은 묻지 않아도 알 수 있으나, 성현을 배운다고 하면서도 평소 그 행동을 고찰해보면 간혹 이와 부합하지 않는 자도 있으니, 이는 주돈이, 정이, 장재, 주자를 채색과 먹의 바깥에서 그린 경우가 아니라 하겠다. 가슴속이 허정하여야 저절로 참된 뜻이 있게 되어, 천지와 함께 흘러서 그 기상이 쉬지 않게 되니, 비록 용면(龍眠, 이공린)의 그림 솜씨로도 비슷하게 그리려 해도 할 수 없을 것이다.

아, 세상 사람은 능히 그림을 잘 그리는 것을 좋아하지만, 그림으로 그릴 수 없는 것을 좋아하지 못하는 자가 어찌 이리 많은가. 마땅히 온 천하가 허화(虛畵) 세계가 되어 그림 좋아하는 것이 풍조를 이루는 것이 어떤 괴이한 일도 아니다. 그러나 용 그리기를 좋아하다 보면 진짜 용이 들어오게 되는데, 염락(濂洛)은 아득하고 무이(武夷)는 황폐해졌을지라도 지금 일곱 폭의 그림을 보고 모든 사람이 산처럼 우러르고, 우러르다 못해 혹시라도 그림으로 그릴 수 없는 데에 능하게 된다면 그림 또한 도움이 되리라.

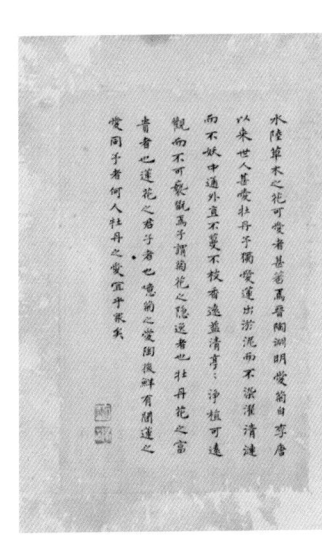

水陸草木之花可愛者甚蕃晉陶淵明愛菊自李唐
以來世人甚愛牡丹予獨愛蓮之出淤泥而不染濯清漣
而不妖中通外直不蔓不枝香遠益清亭
亭淨植可遠
觀而不可褻翫焉予謂菊花之隱逸者也牡丹花之富
貴者也蓮花之君子者也噫菊之愛陶後鮮有聞蓮之
愛同予者何人牡丹之愛宜乎衆矣

그림 5-22. 정선, 〈염계애련〉(주돈이), 《철선생시화첩》(이하 동일)

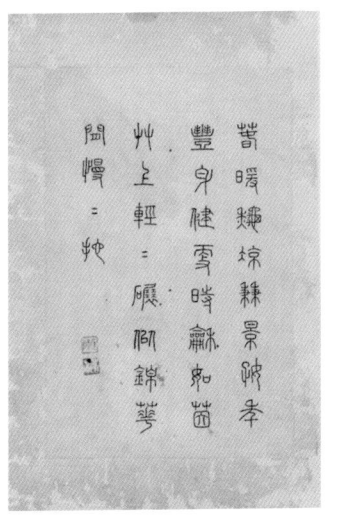

그림 5-23. 정선, 〈강절소거〉(소옹)

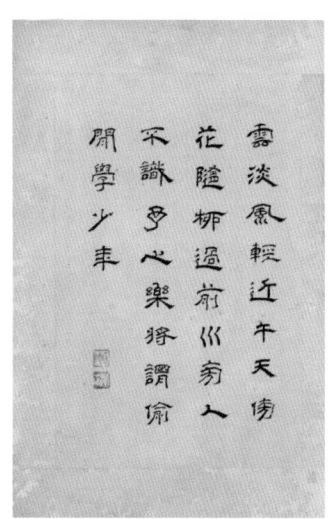

그림 5-24. 정선, 〈명도춘일〉(정호)

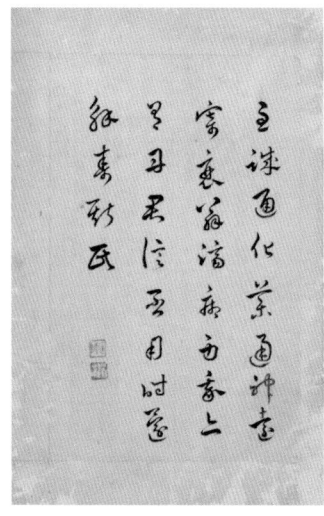

그림 5-25. 정선, 〈이천사단〉(정이)

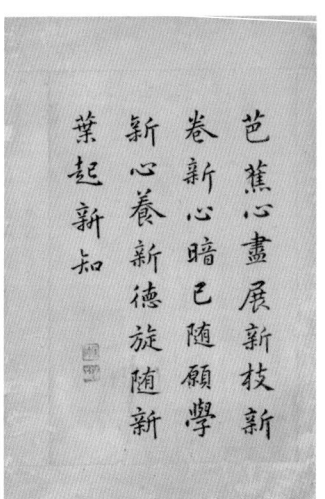

芭蕉心盡展新枝　新
卷新心暗已隨　顧學
新心養新德　旋隨新
葉起新知

그림 5-26. 정선, 〈횡거영초〉(장재)

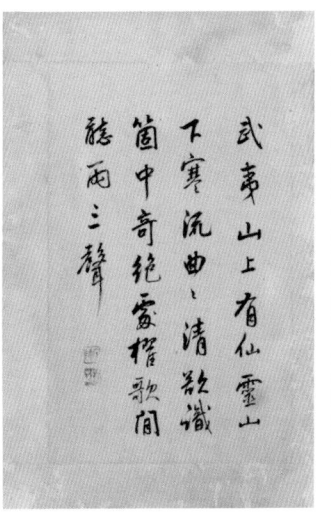

武夷山上有仙靈
下寒流曲、清欲識
箇中奇絶靈擢歌
聽雨三聲

그림 5-27. 정선, 〈도지전체〉(주자)

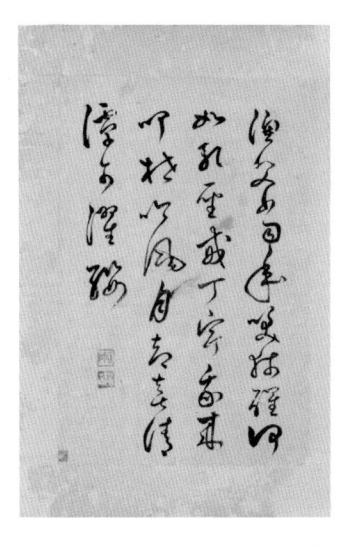

그림 5-28. 정선, 〈도산퇴계〉(이황)

이것은 이미 제일가는 명화에 제일가는 명현의 시의인데, 또 지금 세상의 제일가는 명서(名書, 명필)를 얻어 그 시를 쓴다면, 이는 마땅히 제일가는 명첩(名帖)이 될 것이다. 한생(韓翊)은 이첩을 보배로 여겨 장차 제일가는 ■ ■ ■ 를 강구하라. 그런데 이 세상에서 그림으로 그릴 수 없는 데에 능한 자가 누구인지 모르겠다. 한생은 (……) 하라. 병인년(1746) 여름, 무취옹(無臭翁). 稚 圭 **38**

서문 말미에 나오는 무취옹과 백문방인(白文方印, 글자를 음각으로 새겨서 도장을 찍으면 글자 밖 부분이 붉고 글자 부분은 인주가 묻지 않아 흰색으로 드러나는 것)으로 찍힌 '치(穉)'와 '규(圭)'는 정선과 친분이 있던 박사해(朴師海, 1711~1778)의 아버지인 박필기(朴弼琦, 1677~1757)의 호와 자다. 정선과 박사해의 친분은 박사해가 1756년 쓴 〈함흥본궁송도기(咸興本宮松圖記)〉에서 확인된다. 박사해는 이 글에서 함흥 본궁에 태조가 직접 심은 세 그루의 소나무가 있는데, 이를 본 적 없는 정선에게 그 생김새를 알려주어 그리게 했더니 실제와 똑같았다고 했다.[39] 박필기는 시서화가 모두 수합된 명첩을 '한생'이라는 인물에게 보배로 여겨 간직할 것을 부탁했다.[40]

이 시화첩에 표현된 다섯 성현의 고사도는 정선이 그린 여타 고사도와 다른 점을 보인다. 우선 정선의 성현고사도에서 배경으로 등장하던 주산(主山)이 생략됐고, 나무 아래 인물상을 배치하는 수하 인물의 형식을 띤다. 정선은 정이의 고사 가운데 통상 '부강풍도'를 그렸지만, 이 시화첩에는 '이천사단(伊川謝丹)'을 실었다. '이천사단'은 정이가 자신을 위해 약을 지어준 왕전기에게 감사의 편지를 적는 장면이다.[41]

송 대 오현의 조합은 김창협의 문하생이었던 어유봉의 〈병화십찬〉에서도 발견된다. 〈병화십찬〉은 '행단현송', '누항단표', '전수일관(傳授一貫, 전수하여 일가를 이루다)', '찬술중용(撰述中庸, 중용을

쓰다)', '삼숙출주(三宿出晝, 맹자가 3일을 묵은 후에 주나라를 떠나다)', '염
계애련', '백원정금', '방화수류', '부릉우초(涪陵遇樵, 부릉에서 초부를
만나다)', '구곡도가(九曲棹歌, 구곡에서 뱃노래를 부르다)'로 구성됐다.
공자를 비롯한 안회, 증점, 자사, 맹자, 주돈이, 소옹, 정이, 사마
광, 주자로 이어지는 학통이다.[42]

어유봉이 감상한 10폭 병풍에 수록된 공자 고사는 앞서 언급
한 안회가 금을 타고 증점이 슬을 타는 '회금점슬'이다. 이 병풍
은 정치적 통치자인 왕의 계보를 제외하고 주자의 학문에 영향
을 끼친 성리학자의 고사만 가지고 장첩으로 만든 학통(學統)의
그림이다. 그리고 이에 수록된 공자와 그의 제자, 맹자, 송 대 오
현은 도통의 계승자이자 정선의 성현고사도에 등장하는 인물이
다. 특히 〈병화십찬〉의 시구에는 자연 경관이나 구체적인 인물
이 명시됐고, 화중 인물의 동세나 외모를 암시하는 시어까지 사
용되어 정선의 그림이 쉽게 연상된다.[43] 어유봉의 처외가가 안
동김씨 가문이며, 스승이 김창협임을 감안한다면 이 그림의 제
작자가 정선일 가능성도 배제할 수 없다.

조선 후기 문인인 유한준(兪漢雋, 1732~1811)이 김계명(金季明)
을 위해 지은 〈송육선생육사화병찬(宋六先生六事畫屛讚)〉도 같은
맥락에서 이해된다. '염계애련', '명도방화수류(明道訪花隨柳)', '이
천부강풍랑(伊川涪江風浪)', '강절백원정금(康節百原整襟)', '속수

낙원한거(洙水樂園閑居)', '주자형악상설(朱子衡嶽賞雪)'이라는 화
제가 자연에 기거하는 육현의 일상과 풍류가 시각화된 고사 일
화 형식임을 알려주기 때문이다.[44] 주목할 만한 사실은 유한준
이 칭한 '송육선생'이라는 말이다. 이는 윤두서가 〈오성도〉의 성
현상에 필사한 '은태사 기자(殷太師 箕子)', '주몽재 주공(周蒙宰 周
公)', '노사구대성지성 문선왕(魯司寇大成至聖 文宣王)', '노복성공(魯
復聖公)', '송태사 휘국문공(宋太師 徽國文公)'과는 사뭇 다른 명칭
이다.

　또 "여섯 그림을 보고 여섯 선생의 행적을 보면서 화락하여 모
이고 자연의 정취를 스스로 얻는다"라는 감상평은 신원록의 "작
은 병풍으로 만들고 때때로 한번 병풍을 펴보는데, 사람을 숙연
하게 하여 공경하는 마음을 일으킨다"라는 평문과는 다른 관점
이다.[45] 신원록은 고사인물화에 종사의 기능을 부여한 반면, 유
한준은 자연에 귀의하여 즐거움을 누리는 소망을 투영했다. 즉
유가적 삶의 방식을 포기하지 않으면서도 노장(老莊)의 자연관
을 적극 수용하여 작품을 관람하려는 태도다.[46]

주자도, 적통(嫡統)의
조형물

앞서 언급했듯이 북송육현을 조합하고 도통이라는 단어를 사용한 인물은 주자다. 주자는 이름이 희(熹)이고, 자(字)가 원회(元晦), 중회(仲晦)다. 호는 회암(晦庵), 회옹(晦翁), 운곡노인(雲谷老人), 창주병수(滄洲病叟), 둔옹(遯翁) 등이다. 주희는 송나라 복건성(福建省) 우계(尤溪)에서 아버지 위재(韋齋) 주송(朱松)과 어머니 축씨(祝氏) 사이의 셋째 아들로 출생했다. 그의 선조는 안휘성의 호족이었으나 아버지 주송이 당시 재상인 진회와 갈등을 빚어 퇴직하고 우계로 와서 머물렀다. 주송은 주희가 14세 때 명을 달리했다.

주송은 아들이 불교와 노자 학문에 전념하기를 원했다. 그러나 주희는 19세에 진사가 된 후 주돈이와 이정(二程), 즉 정호, 정이 등의 학통을 이은 연평(延平) 이동(李侗)을 찾아갔다. 이동의 문하에서 공자, 맹자, 이정의 사상을 풀이하는 등 새로운 유교 이론의 초석을 다졌다. 주자는 훌륭한 학문적 업적을 남겼지만 관료의 미움을 받았다. 만년에는 모함을 받거나 기인으로 몰렸다. 벼슬길도 순탄치 않았다. 19세에 진사시에 급제하여 명을 달리할 때까지 약 9년 정도 현직에 근무했다. 그리하여 무이산에서 강학하며 보낼 수밖에 없었다. 말년에는 한탁주의 중상모략으로 저술과 공적 활동을 방해받았다. 주자는 살아생전 정치적 명예를 회복하지 못했다. 그러나 사후 그의 업적은 재평가됐다. 송 영종(寧宗, 趙擴, 1168~1224) 연간인 1209년 문공(文公)의 시호가 내려졌고, 송 이종(理宗) 연간인 1230년 태사(太師)에 오르게 됐다. 이후 신국공(信國公)으로 추봉됐고, 다시 휘국공(徽國公)으로 고쳐 봉해졌다. 문묘에도 종사됐다.

주자의 초상은 생존 당시부터 그려졌다.[47] 원 대에 주자학이 국학으로 채택되면서 그의 추숭 사업이 본격화됐다. 휘주와 건안 등에 사당과 서원이 건립되면서 주자 초상이 다량으로 제작됐다. 주자 초상은 사당이나 서원에 진설되는 제향 목적 외에 주자서나 성현도상첩, 무이구곡도 등에 감상용으로도 실렸다.

조선의 문사는 정신적 지주였던 주자의 학문을 그대로 수용했다. 주자 초상화도 꾸준히 제작됐다. 그는 학창의(鶴氅衣)와 복건 차림에 두 손을 가지런히 모으거나, 서안을 마주한 자상한 선비 모습의 전신 좌상, 심의와 복건, 흑리(黑履)를 갖추고 공수 자세로 서 있는 전신 입상, 의자에 앉은 전신 교의 좌상으로 많이 그려졌다. 주자를 숭상하는 마음이 여러 형식의 주자 초상을 탄생시켰다.

주자의 학문과 학자로서의 삶은 다양한 제재의 시각물을 낳았다. 대표적인 것이 무이구곡도다.[48] 주자는 54세 때 중국 복건성 무이산 계곡에 무이정사(武夷精舍)를 경영하며 〈무이도가〉를 지어 아홉 굽이의 경치를 노래했다. 16세기의 성리학자인 이황과 이이(李珥, 1536~1584)는 주자의 학설을 존숭했다. 이황과 이이를 추종했던 문사는 주자의 서원 경영과 구곡가 창작에 적극적이었다. 또 무이구곡과 같은 은거지 마련이 급선무라고 판단하여 경치 좋은 곳에 정사를 지었다. 그 결과 무이구곡도를 비롯한 고산구곡도나 도산도 등 산수도 형식의 성현유적도와 명승명소도가 성행했다.[49]

주자의 삶은 궁중의 어람용 회화로도 활용됐다. 영조의 명으로 제작된 〈장주묘암도(漳州茆菴圖)〉(그림 5-29)는 주자가 복건성 장주에서 관직 생활을 할 때 기거한 이상적인 후원을 그린 그림으로, 주자의 정치적 입지를 부각하기 위한 어람용 궁중 회화다. 영조는 이 그림을 감상하며 다음과 같이 읊었다.

지난날 주자의 글을 읽고, 오늘에야 한 폭의 그림으로 그리게 했네.

그림 5-29. 〈장주묘암도〉

그림 5-30. 정선,
〈취성도〉

나의 뜻은 언제나 이곳에 있고, 의연히 성현이 노니는 곳에 있는 듯 하네.[50]

또한 주자 고사는 북송육현과 함께 자주 언급됐다. 북송육현은 공자와 주자를 연결하는 고리이자, 주자의 또 다른 실체다. 송 대의 성현고사도 역시 주자의 다양한 면모를 표출한 그림이다. 특히 정선은 성현고사첩의 마지막을 대부분 주자 고사로 장식했다. 성현고사첩 자체가 주자와 그의 학통의 또 다른 표상인 셈이다.

정선이 주자의 학통을 그린 다른 작품에 〈취성도(聚星圖)〉(그림 5-30)가 있다. 〈취성도〉는 1675년 김수증(金壽增, 1624~1701)과 송시열이 함께 발의하여 제작한 〈취성도〉 족자를 18세기 중엽에 모사한 작품이다. 정선은 주자가 〈취성도〉에 찬을 붙인 '취성정화병찬병서(聚星亭畵屛贊幷書)'와 주자·장식(張栻)·황간의 논설, 송시열의 발문을 〈취성도〉 상단에 적었다.[51] 따라서 〈취성도〉에는 송시열, 김수증을 거쳐 18세기까지 이어진 주자의 학맥과 조선 성리학의 학통이 반영되어 있다.

이황과 송시열의 글씨와 정선의 그림을 합친 서화첩《퇴우이선생진적첩(退尤李先生眞蹟帖)》도 같은 맥락에서 해석할 수 있다. 정선의 외할아버지인 박자진(朴自振, 1625~1694)은 처가에서 이황의 친필인《주자서절요서(朱子書節要序)》를 물려받았고, 송시열을 찾아가 이를 보여주며 발문을 부탁했다. 이황과 송시열의 글이 정선의 집안으로 전해진 것이다. 정선은 이 내력을 기억하기 위해 네 장면의 그림을 남겼다. 즉 이황이《주자서절요서》를 짓는 〈계상정거도(溪上靜居圖)〉(그림 5-31), 박자진이 송시열을 찾아가서 발문을 받는 〈무봉산중도(舞鳳山中圖)〉와, 박자진의 저택인 〈풍계유택도(楓溪遺宅圖)〉(그림 5-32), 정선의 자택인 〈인곡정사도(仁谷精舍圖)〉(그림 5-33)를 그려《퇴우이선생진적첩》을 완성했다. 정선은 선인을 향한 존경과 가문의 자부심을 과시하면서 인곡유거의 명칭을 '학문을 가르치고 정신을 수양하는 인왕산 계곡'을 뜻하는 '인곡정사'로 바꿔 서화첩에 포함했다. 학문의 정통성과 이를 계승한 사가(私家)의 우수성을 표현하기 위해 '집'의 정경을 선택한 것이다.[52]

정선의 송 대 성현고사첩은 주자의 공자 학문 성립에 공헌한 스승들을 그린 그림이고, 〈취성도〉나《퇴우이선생진적첩》은 조선까지 계승된 주자의 학맥도다. 결국 주자는 세 작품의 공통분모다. 정선은 주자를 가능케 한 공자 및 여러 스승과 그를 추종한 조선의 제자를 다양한 화목(畵目)으로 표현하면서 '주자가 적통(嫡統)'임을 구체화했다. 다만 주자가 송 대 성현고사첩의 대미를 장식했다면, 〈취성도〉와《퇴우이선생진적첩》에서는 선두에 위치했다.

그림 5-31. 정선, 〈계상정거도〉

그림 5-32. 정선, 〈무봉산중도〉(우)와 〈풍계유택도〉(좌)

그림 5-33. 정선, 〈인곡정사도〉

그러나 각 화목의 표현 방식은 달랐다. 성현고사첩은 인물의 독특한 행동을 아름다운 자연 경관과 함께 포착한 반면, 〈취성도〉나 《퇴우이선생진적첩》은 인물상과 더불어 '주거지'를 부각하여 그렸다. 전자가 존경하는 스승에 대한 낭만과 동경을 담았다면, 후자는 정치가의 웅지를 잇는 학문적 입지와 가문의 위상을 드러냈다. 여기서 조선의 문사가 가진 이중성이 엿보인다. 즉 세상을 등지고 자연에 기거하는 처사를 동경하는 마음과 세속적 힘의 선두에 자리하고 싶은 권력의 욕망이다.

조선 회화에서 주자는 유학을 전수한 학자로, 혹은 유교의 통치 이념을 제시한 정치가로 표현됐다. 주자의 선학인 송 대의 육현도 학맥을 잇는 성리학자로 함께 그려졌다. 그러나 정선 이후 성현 고사는 화첩류보다 단독 작품으로 그려진다. 김홍도 역시 성현고사도를 많이 그렸다. 하지만 그는 송 대의 육현만을 별도로 선택하지는 않았다. 그가 만년에 그린 《중국고사화》 8첩 병풍은 주자, 도연명, 왕희지(王羲之, 307~365), 엄광, 사안(謝安, 320~385), 임포(林逋, 967~1028), 소옹이 함께 있는 작품이다. 그중 소옹은 〈화외소거〉(그림 5-34)로, 주자는 〈무이귀도(武夷歸棹)〉(그림 5-35)로 표현됐다. 성현의 유적이 아닌 자연에서 경험하는 일상과 행적을 화폭에 담은 점은 정선과 비슷하다. 인물이 산수 배경보다 작아 점경(點景)에 가깝고, 경물(景物)을 담묵·담필·담채

그림 5-34. 김홍도, 〈화외소거〉
그림 5-35. 김홍도, 〈무이귀도〉

그림 5-36. 김홍도, 〈서원아집도〉

로 마무리했으며, 특정 지역이 아닌 일반 산수를 그린 점도 유사하다.

　그러나 정선이 화첩 형식을 택한 반면, 김홍도는 고사 인물을 병풍에 배열하여 감상자가 한눈에 관람할 수 있게 꾸몄다. 즉 병

풍을 펼쳐놓으면 각 화폭의 산수 배경이 서로 연결되어 파노라
마처럼 펼쳐진 자연 경관에 여덟 명의 고사가 어우러진 느낌을
준다. 김홍도는 육현고사도의 계절감이나 우화를 강조하여 다른
화목의 작품과 배치했다. 예를 들어 소옹의 '화외소거'를 도연명
의 '동리채국(東籬彩菊)'과 함께 그려서 봄가을의 낭만적 고사인
물화를 완성한 것이다. 김홍도에게 송 대의 성현은 도연명, 임포

와 마찬가지로 수많은 고사 중 한 인물군에 불과한 것이다.

대신 김홍도는 북송 문인의 대표적 정원 모임을 그린 〈서원아
집도(西園雅集圖)〉(그림 5-36)를 남겼다. 성현고사도와 마찬가지로,
서원아집도는 북송 시기에 활동한 문사를 그린 고사인물화다.
성현고사도와 서원아집도의 가장 큰 차이점은 화면상의 인물 구
성이다. 송 대의 성현은 분리된 화폭에 각각 그려진 반면, 서원아
집도에는 한 화면에 10여 명의 문사가 함께 등장한다. 육현고사
도는 개인 고사를 강조했지만, 서원아집도는 성현의 모임, 즉 아
회(雅會)에 중점을 둔 것이다. 김홍도가 병풍과 부채에 서원에서
의 아집 장면을 남긴 반면, 정선은 서원아집도는커녕 이 모임의
구성원조차 그리지 않은 것으로 보인다.

18세기 후반 성현고사첩의 해체와 서원아집도의 유행은 작
가 개인의 창작 취향일 수 있지만, 주자학적 체계와 논리에 대한
변동을 암시한다. 이 시기 문학에서도 정주학(程朱學)을 기반으
로 한 '도문일치(道文一致)'를 부정하는 움직임이 일어난다. 즉 정
주학의 절대성과 보편성을 거부하고 각자의 도에 입각한 문학과
삶을 추구하려 한 것이다. 조선 후기에 활발하게 저술된 소품문
이나 자술적 산문이 그 산물이라 하겠다.[53] 주자에 대한 변화된
인식이 고사인물화의 다양한 조형 언어와 화목을 양산한 것으로
보인다.

아래아 한글처럼 편안한 (便安) 줄판

최고 전문가를 향한 나만의 책

9

일본으로
건너간
유학

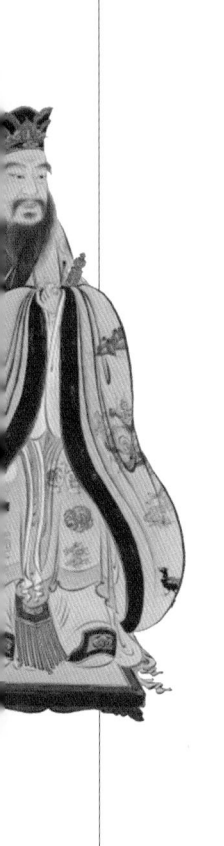

유학의 정착과
성당(聖堂) 설립

일본의 유학은 백제 근초고왕 때의 학자인 왕인(王仁)이 《논어》
와 《천자문》을 들고 현해탄을 건너면서 소개됐다. 석전은 견당
사가 당의 제도를 들여오면서 시행됐다. 《속일본기(續日本紀)》에
도 다이호(大寶) 1년(701) 2월 거행된 석전이 기록돼 있다. 이후
석전은 지역에 따라 다르게 실시됐다. 즉 도읍에서는 율령의 시
행 기관인 대학료(大學寮)의 묘당에서, 지방에서는 국학에서 석
전이 거행됐다. 초기 석전에는 의식이나 기물이 준비돼 있지 않
았다. 그러나 기비노 마기비(吉備眞備)가 당나라 홍문관의 화상
을 가져왔고, 이것을 백제 화사에게 그리게 했다. 대학료에 안치
된 이 화상은 '당본(唐本)'이라고 불리며, 일본 공자 초상화의 기
준이 됐다.[1]

　헤이안(平安) 시대 초기에는 이전 시기보다 문묘가 체계화됐
다. 10세기에 편찬된 율령 세칙인 〈엔기시키(延喜式)〉에 따르면,

당시 대학료에는 공자(선성문선왕)와 안자(선사) 그리고 철학자 아홉 명까지 해서 모두 열한 명의 화상이 진설됐다.[2] 1153년에는 대학료에 '선성선사구철 당본'뿐만 아니라 72제자의 초상까지 추가됐다. 헤이안 시대 말기 무렵 일본과 중국이 교류하는 과정에서 선승(禪僧)이 유학 서적을 들여오기도 했다. 이렇듯 한동안 일본에서는 유학을 배우려는 분위기가 조성됐으나, 헤이안 시대 후기부터 귀족의 세습제도가 지속되면서 대학료의 존재는 유명무실해졌다. 석전 의식도 공식 행사로 변질되어 15세기까지 명맥만 유지됐다. 극히 일부 한정된 지식인 계층만이 유학을 수용한 것이다.

일본에서 유학이 부활한 것은 전국시대 말기다. 유학자인 후지와라 세이카(藤原惺窩, 1561~1619)는 일본에서 억류 생활을 한 조선의 관료 강항(姜沆, 1567~1618)에게 석전 의식을 전수받으며 유학 부흥의 불을 지폈다. 유학은 에도 시대에 들어서면서 급격하게 파급됐다. 특히 이 시대에 유학에 입문한 신진 세력은 엉뚱하게도 칼을 쓰는 사무라이였다. 전국시대 내내 전장을 누비던 사무라이가 전쟁이 끝나자 도쿠가와(德川) 막부에서 문(文)의 중요성을 깨닫게 된 것이다. 그들은 200년 이상 전쟁 없이 평화가 유지된 시기에 학교를 다니며 유학을 공부했다. 그리고 다른 계층의 지식인과 교류하며 정치에 관심을 갖기 시작했다. 이른바

'칼 찬 사대부', '독서하는 사무라이'가 등장한 것이다.[3] 점차 탁월한 학자가 양산되면서 민간 사회에도 서서히 유학이 침투했다.

이 시기 가장 큰 변화는 학문음미(學問吟味)제도의 도입이다. 학문음미란 과거제처럼 시험을 통해 인재를 선발하는 제도다. 조선, 베트남, 중국과 달리 이제까지 과거제가 실시된 적 없는 일본에서 사무라이를 대상으로 주자학의 실력을 평가하는 시험이 시행됐다.[4] 사무라이의 사대부화가 전개된 것이다.

도쿠가와 막부도 주자학을 적극 장려했다. 그리고 헤이안 시대에 사라진 문묘제도를 되살렸다. 에도 시대에 문묘 설립에 관여한 대표적 인물은 오와리번(尾張番)의 초대 영주인 도쿠가와 요시나오(德川義直, 1600?~1650)다. 도쿠가와 요시나오는 유년 시절부터 학문을 좋아했고, 번주가 되어서는 유교 정책을 펼치려고 노력했다. 그는 나고야성 안에 에도 시대 최초로 공묘를 세워 석전을 시행했다. 일본 유교 전파에 큰 공을 세운 하야시 라잔(林羅山, 1583~1657)도 1629년 이곳을 견학했다.

하야시 라잔은 교토에서 태어나 어린 시절 건인사에서 학문을 익혔다. 승려 신분으로 점차 유학에 경도되어 주자학에 심취했고, 22세에 후지와라 세이카의 문하생이 됐다. 후지와라 세이카는 원래 승려였으나 퇴계학을 접한 뒤 일본 주자학의 시조가된 인물이다.

하야시 라잔은 1605년 니조성(二條城)을 방문하고 에도 막부의 초대 쇼군인 도쿠가와 이에야스(德川家康, 1542~1616)를 알현했다. 도쿠가와 이에야스의 신뢰를 얻은 그는 유학자를 양성하는 학문소(學問所)의 필요성을 건의했다. 그러나 이런저런 이유로 학문소 건립은 흐지부지되고 말았다. 20여 년이 흐른 1630년 3대 쇼군인 도쿠가와 이에미쓰(德川家光, 1604~1651)가 하야시 라잔에게 지금의 우에노 온시 공원(上野 恩賜 公園)에 해당하는 인강(忍岡)의 땅을 하사하여 학문소를 열게 해주었다. 주자학을 공부하는 하야시 라잔의 개인 사숙과 서실이 생긴 것이다. 그러나 이곳에는 석전을 거행할 만한 공묘가 없었다. 이에 1632년 이에미쓰의 숙부이자 오와리번의 초대 영주인 도쿠가와 요시나오의 도움으로 '중국식' 공묘가 설립됐다. 도쿠가와 요시나오는 이 공묘의 명칭을 선성전(先聖殿)이라 했다. 이것이 바로 인강성당(忍岡聖堂)이다. 인강성당이 완성되자 이듬해 2월 석전이 부활했다. 결국 인강성당은 하야시 라잔이 지향한 주자학의 정통성이 잘 드러난 공묘라고 할 수 있다.

1690년 에도 막부는 새로운 성당 건립을 통고했다. 이듬해 7월 5대 쇼군인 도쿠가와 쓰나요시(德川綱吉, 1646~1709)는 탕도의 부지를 확보하고 막부의 성당을 짓기로 결정했다. 그리고 그 지역을 '창평(昌平)'이라 명명했다. 탕도성당(湯島聖堂)이 완공되자 도쿠가와 쓰나요시는 문묘의 이름을 대성전(大聖殿)이라 정하고, 친히 편액의 글씨를 쓰고 공자 초상화에 대한 제자(題字)도 하사했다. 하야시 라잔의 학문소도 이곳으로 이전됐다. 탕도성당의 대성전은 인강성당보다 규모가 더 컸다.

탕도성당 대성전에서 거행된 최초의 석전은 도쿠가와 이에야스를 비롯한 유명 인사가 대거 참석한 막부의 공적인 의식이었다. 이후 석전은 전국의 번교(藩校)와 교육 기관으로 확산됐다. 그러나 탕도성당은 여러 차례 큰 화재를 겪으면서 그 규모가 계속 축소됐다. 그러다가 1797년 막부가 학제 개혁을 실시하면서 1798년 학문소로 개편됐다. 의식보다 학문을 전면에 내세우려는 막부의 결정인 셈이다. 결국 문묘의 위상이 낮아져서 대성전은 학문소 부속으로 축소됐다. 이후 막부 직할 체제가 수립되면서 문묘는 그 위상이 더욱 미미해졌다.

공자 성현상과
석전도 제작

이제 에도 시대에 제작된 공자 관련 시각물을 살펴보자. 먼저 도쿠가와 요시나오가 나고야성 안에 세운 공묘다. 이 공묘는 8각 평면으로 설계됐다. 내부에는 오성(요, 순, 우, 주공, 공자)의 금동상과 72인의 제자상이 안치됐다. 오성의 금동상 종사는 북위시대에 잠시 시행됐을 뿐, 중국에서도 매우 드문 예다. 다음은 인강성당의 시각물이다. 하야시 라잔은 인강성당에 선성전을 조성하고 공자와 사성, 즉 안자, 증자, 자사, 맹자의 목조상을 안치했다.[5] 《창평지(昌平志)》권5에 수록된 〈전상열위도(殿上列位圖)〉에 따르면, 공자의 좌우에는 사성의 조각이 배향되었고, 그 옆에는 송 대의 육현이 종향되었다.[6] 인강성당의 내부 배치는 앞서 언급한 나고야성의 공묘와 달랐다. 인강성당의 오성 목조상은 20세기 초반까지 탕도성당에 배치되어 있다가 1923년 관동대지진으로 소실됐다.

에도 시대의 공자도와 성현도는 가노파(狩野派) 화가가 많이 제작했다. 널리 알려졌듯이 가노파는 집안 대대로 막부의 후원을 받아 수많은 회화 창작물을 남긴 일본의 대표적인 어용 화사 집단이다. 공자 관련 그림의 선두 주자는 가노 산세쓰(狩野山雪, 1590~1651)다. 도쿠가와 요시나오는 가노 산세쓰에게 21명의 초상화를 의뢰하여 인강성당 선성전에 안치했다.[7] 도쿠가와 요시나오가 선택한 21명은 복희, 신농, 황제, 제요, 제순, 대우, 성탕, 문왕, 무왕, 주공, 공자, 안자, 증자, 자사, 맹자, 주돈이, 장재, 정이, 정호, 소옹, 주자다.[8] 가노 산세쓰는 중국에서 전해진 판본을 토대로 21명의 초상화를 완성했다. 공자를 제외한 나머지 20명의 초상은 입상이다. 유일하게 좌상으로 표현된 공자(그림 6-1)는 12장문이 시문된 면복을 입었고 모자의 양 끝이 뾰족하게 두 갈래로 솟은 사구관을 썼다. 앞서 언급했듯이 면복은 제왕의 복식이며 사구관은 관리의 모자다. 게다가 공자는 왕이 드는 옥규 대신 칼을 찼다. 무언가 앞뒤가 맞지 않는 공자상인 셈이다.

하야시 라잔은 모든 초상화의 제찬을 1636년 조선통신사 부사로 일본을 방문한 김세렴(金世濂, 1593~1646)에게 써달라고 부탁했다. 가노 산세쓰가 그리고 김세렴이 찬을 적은 21폭의 초상화는 공자를 중심으로 형성된 왕통과 치통의 계보이자 주자의 적통이다. 김세렴은 화폭 오른쪽에 "공자는 제요와 제순을 조종(祖宗)

으로 삼아 전술(傳述)하시고, 문왕과 무왕을 본받으셨으며, 위로는 하늘의 시간을, 아래로는 물과 땅의 이치를 좇으셨다(孔子, 祖述堯舜, 憲章文武, 上律天時, 下襲水土)"라고 적었다. 하야시 라잔이 《중용장구(中庸章句)》제30장에 수록된 구절을 골라 김세렴에게 제찬을 부탁한 것이다.

가노 산세쓰의 사실적인 초상화는 후배 가노파 화가에게 영향을 주었다. 가노 단유가 그린 5폭의 〈성현도〉(伊達家 구장)와 〈공자〉, 〈안회〉, 〈증자〉가 대표적이다. 가노 단유의 보스턴 미술관 소장품은 공자의 행단 강학을 세 폭에 나누어 그린 그림이다(그림 6-2). 가운데 화폭에

그림 6-1. 가노 산세쓰, 〈공자상〉

해당하는 공자상은 신발을 벗은 채 행단 위에 있고, 두 제자는 손을 가지런히 모으고 바닥에 앉았다. 사실적인 얼굴 묘사는 가

그림 6-2. 가노 단유, 〈증자〉, 〈공자〉, 〈안회〉

노 산세쓰의 21성현 초상화와 유사하다. 강한 선묘로 표현된 주
변 사물이 가노 단유의 탁월한 기량을 알려준다. 가노 단유는 공
자, 증자, 안회를 한 화면에 그린 후 화폭을 분리한 것으로 보인
다. 세 폭의 상단에 펼쳐진 살구나무의 가지와 만개한 꽃이 연결
되기 때문이다.

　무엇보다도 공자가 손에 흰색 깃털로 장식된 백우선(白羽扇)
을 들고 있는 점이 특이하다. 백우선은 제갈량이 사마의(司馬懿,
179~251)와의 위수(渭水) 전투에서 삼군을 지휘할 때 썼던 부채라
고 한다. 제갈량의 군사가 그 부채의 움직임에 따라 나아가기도
하고 후퇴하기도 했다는 것이다. 이렇듯 백우선은 제갈량의 부

그림 6-3. 가노 세이세이인오사노부,
〈공자상〉

채인데, 가노 단유는 공자의 지물로 이것을 활용했다. 도상의 오류다. 가노 세이세이인오사노부(狩野晴川院養信, 1796~1846)의 〈공자상〉(그림 6-3)에도 백우선을 든 공자가 등장한다. 게다가 이 그림의 공자는 머리에 실로 짠 윤건(輪巾)을 쓰고 있는데, 윤건 역시 제갈량이 즐겨 쓰던 모자다. 화면 상단에 《동가잡기》의 문장이 기록된 것으로 보아 그림의 주인공은 공자가 분명한데, 제갈량의 모자와 부채가 등장한 것이다. 역시 도상의 혼용이다.

에도 시대의 기록화 가운데는 대학료나 대성전에서 석전이 거행됐음을 말해주는 작품도 남아 있다. 석전도(釋奠圖)라고 하는 이 작품군은 당시 공식적으로 석전이 열리던 장소, 참석자, 행사 순서, 진설, 위차 등을 알 수 있는 귀한 시각물이다. 현전하는 일본의 석전도는 대부분 각 장면을 독립적으로 표현한 두루마리 형태다.[9] 그중에서 일본 국회도서관에 소장된 〈석전도〉(그림 6-4)를 살펴보자. 이 작품은 천명무갑(天明戊甲), 즉 1788년에 제작됐다. 두루마리는 미나모토노 시게(源保繁)가 그린 〈춘추지고도(春秋之古圖)〉로 시작되고, 행사 장면이 두 번 그려졌으며, 제작 관련 사항을 기록한 문장으로 마무리된다.

묘당의 실내 장면에서는 공자와 안회의 초상을 정면에서 부감했다. 선성문선왕 공자와 선사 안회의 초상이 나란히 남면돼 있고, 이들을 기준으로 좌우로 벽면이 꺾였다. 공자의 왼쪽에는

그림 6-4. 미나모토노 시게, 〈석전도〉, '배묘'

민자건·염백우·중궁·염유의 초상이, 오른쪽에는 자로·재아·자공·자유·자하의 초상이 걸려 있다.

주목할 사항은 묘당 내부에서 보이는 공자 십철의 배치와 인적 구성이 〈엔기시키〉 권20에 수록된 대학료의 화상 진설과 일치한다는 점이다. 공자 십철의 초상화가 묘당 내부에 걸리는 전통을 계승한 것이다.

앞에서도 언급했지만, 일본의 유학은 백제를 통해 전파됐다. 그리고 당에서 들여온 석전은 10세기경부터 시행됐으나 헤이안 시대 후기에 점차 쇠퇴했고, 에도 시대에 들어서면서 부활했다. 도쿠가와 막부는 공묘를 신축하고 공식적으로 석전을 거행했다. 그리고 내부에 진설될 공자와 성현 관련 시각물을 어용 화사 집단인 가노파에 의뢰했다. 가노파 화가는 당시 일본에 유입된 여러 화보를 참조해서 공자와 성현의 초상화를 완성했지만, 일부 도상에서 착오를 보이기도 했다. 한편 에도 시대에는 제사의 대상인 공자와 성현의 초상화와 조각뿐만 아니라, 석전 행사를 시각적으로 기록한 석전도가 제작됐다. 석전도는 석전의 의식과 위치, 제사 공간의 풍경 등이 상세하게 묘사된 기록화다. 중국과 한국을 통해 유입된 유학이 어떤 형식으로 일본에 정착했는지를 알려주는 증거물인 셈이다.

공자가 간직한
내면의 미

epilogue ————————————————————

동서고금을 막론하고 존경하는 스승이나 사모하는 성현의 삶과 행적은 늘 기억하고 싶은 훌륭한 이야기다. 수천 년 동안 유교 문화권이었던 동아시아에서 공자는 많은 이의 추앙을 받아온 성인이다. 물론 19세기 이후 일시적으로 비판을 받았던 적도 있다. 그러나 백성을 이끄는 위대한 정치가로, 엉뚱한 행동과 촌철살인의 비유로 인간의 삶을 성찰한 교육자로 수많은 지식인의 사랑을 받았다. 따라서 그의 이야기는 언제나 간직하고 되새기며 본받고 싶은 교훈이었다. 그리고 각자의 파란만장한 인생에 올바른 방향을 알려주는 나침반이었다.

공자는 노나라의 도읍인 곡부에서 출생했다. 그리고 봉건제도가 해체되어 전쟁이 지속되는 혼란기에 성장했다. 200여 제후국이 공방전을 벌이다가 몇 개의 국가로 통합되는 과정이었다. 이 시기에 '제자백가(諸子百家)' 또는 '백가쟁명(百家爭鳴)'이라고 불리는 많은 사상가가 배출됐다. 그들은 혼란기의 정치적, 사회적 변동을 목도하면서 사람과 사람이 어울릴 때 필요한 덕목과 국가와 사회의 균형과 질서를 유지하는 방법을 제시했다.

공자도 어수선한 시기를 묵묵히 견뎌내며 세상에 관한 사유를 모색한 제자백가 중 한 명이었다. 그러나 살아생전에는 그다지 환영받지 못했다. 강력한 무력으로 중국을 통일하려는 제후들에게 고지식하고 바른 말을 하며 고집 있는 공자는 매우 불편한 존재였다. 그러나 혼란을 겪으면서 정의와 덕을 강조한 공자의 사상은 서서히 주목을 받았다. 공자를 존경하고 따르는 정치가나 학자도 점차 증가했다. 제자 자공은 "선생님이 성인이십니다"라고 했다. 스승 공자는 "단지 배우기를 싫어하지 않고 가르치기를 게을리 하지 않을 뿐 성인은 아니다"라고 단언했다. 제자들은 스승이 지닌 겸손한 인품과 학문에 쏟는 열정, 순간의 시간을 소중하게 여기는 섬세함을 진심으로 존경했다.

그래서일까, 그의 어록이나 다름없는 《논어》는 소소한 일상의 이야기로 가득하다. 여타 철학자의 저서에서 발견되는 체계적이고 정교한 논리나 형이상학적 기술이 거의 없다. 오히려 사람과 사람 사이에 오가는 대화나 행동, 사건에 대한 묘사가 주를 이룬다. 그럼에도 《논어》는 어떤 텍스트보다 오랜 기간 수많은 사람에게 읽히며 진한 감동을 선사해왔다.

후배 유학자는 공자의 가르침을 면밀하게 연구하여 유학의 학문적 체계를 세우려 했다. 특히 전한 무제 연간의 유학자인 동중서(董仲舒)는 위로는 왕도정치의 절대 이념을 제공하고, 아래로는 충효라는 백성의 필수 도덕 개념을 구축하여 공자의 가르침을 체계화했다. 군신과 부자 사이의 관계망을 사회 질서로 정리한 삼강오륜을 제시하며, 이것이 세상 이치의 정당성이자 영원한 진리임을 강조했다. 그리하여 기원전 134년 "백가를 배척하고 오직 유가만을 존숭해야 한다"라는 동중서의 건의가 수용되면서 정치, 사상, 문화 전반이 유학 중심으로 전환됐다. 공자의 가르침이 유학이라는 체계적 학문을 넘어 동아시아 봉건사회의 이념과 체제를 규정하는 정치적, 사상적 이데올로기로 정착한 것이다.

동중서의 건의로 공자의 명성과 위상이 높아지자 그의 형상이나 관련 일화가 조각이나 그림으로 표현됐다. 우선 초상화로는 성군, 성현, 은일처사 등 공자가 지닌 다양한 면모를 보여주었다. 공자를 성인의 반열에 올리는 과정에서 문묘가 설립됐고, 그를 기억하고 추존하기 위한 시각물이 제작됐다. 널리 알려졌듯이 문묘란 유교를 집대성한 공자나 여러 성현의 위패를 모시고 제사를 드리는 사당을 말한다. 공자를 기리는 제사 공간인 문묘는 공자 중심의 도통 계보를 강하게 드러냈다. 공자의 성현 초상이 조각과 그림으로 제작된 이유다.

그러나 각 시대에 따른 정치적 논리와 제도의 변동에 따라 문묘의 설립과 공자를 칭하는 존호는 달라졌다. 막상 공자 자신은 지도자나 성인이 되기를 거부했다. 오로지 어질고 현명한 학자와 스승으로 기억되기를 원했다. 그러나 시대에 따라 정권 강화와 제도화를 위해 공자를 지나치게 우상화하거나 아니면 아예 무시하기도 했다. 이러한 시대적 추이와 변동으로 인해 공자 초상화는 문묘에 봉안되거나 생략됐다.

공자와 연관된 고사인물화는 성적도와 더불어 확산됐다. 성적도는 그림으로 그려진 공자의 일생이므로 공자전이 글로 기술된 이후 제작됐다. 공자 고사가 연작으로 편집된 것은 공자 초상화나 특정 사건을 한 장면으로 묘사한 그림보다 후대의 일이다. 이런 과정으로 편집된 공자의 고사도는 왕실과 사대부를 훈육하기 위한 감계용 교본이나 선정과 도학, 치통과 도통을 계승하는 유학의 범본으로 유통됐다. 한 인물의 고사가 제작자와 감상자의 필요에 따라 기능이 분화됐음을 알려주는 단서다.

그뿐 아니라 공자가 존경한 제요, 제순 그리고 공자의 학문을 계승한 성현의 이야기는 공자 고사와 더불어 한 화첩에 포함됐고, 각 장면은 인물의 일상과 행적을 아름다운 자연 배경에 삽입한 산수인물화 형식으로 재현됐다. 조선 중기부터 지속된 유가의 전통과 학맥을 계승하면서 다른 형식의 도통지도가 형성된 것이다. 특히 주자의 학문 체계에 큰 영향을 미친 북송의 여섯 학자와 그들의 이야기는 별도로 그려졌다. 육현의 전범은 주자가 쓴 〈육선생화상찬〉으로 추정된다. 송 대 육현의 조합은 1714년 문묘 종사와 연관이 있었다. 이후 적잖은 문인이 육현 고사를 감상했다.

정선 역시 산수인물화 형식으로, 즉 화사한 산수를 배경으로 송 대 육현의 아름다운 일화를 많이 그렸다. 정선이 그려낸 송 대 육현은 도통의 또 다른 계보이기도 하지만, 엄격한 지도자나 통치자가 아닌 자연에 기거하면서 풍류와 안빈낙도를 추구하는 처사였고, 신유학을 집대성한 주자의 스승이었다. 즉 주자는 문묘 종사의 대상인 '공자의 적통'인 셈이다. 이러한 시각물은 세상을 등지고 자연에 기거하는 처사에 대한 동경과 세속적 권력에 대한 욕망을 동시에 지닌 조선 문사의 이중적 자아를 나타낸다. 또 당대의 고사 인식과 관료가 부가한 '힘의 역학'을 표상한다. 성현고사첩을 통해 조선 후기에 확산된 유학의 체계와 이를 누리는 문화 풍조가 어떤 것이었는지 파악된다.

중국의 근대기에는 공자와 유교가 비판을 받았다. 1840년 아편전쟁 이후 전통 문화를 재평가할 때 중국 스스로 공자와 유교를 폄하한 것이다. 특히 5·4신문화운동이 일어나자 공자는 전통

보수의 상징으로 간주되어 혹독한 탄압과 타파의 대상이 됐다. 1970년대 후반 등소평(鄧小平, 1904~1907)이 개방 정책을 펼친 후 산동성 곡부에 있는 삼공(공부, 공묘, 공림)이 복원됐다. 공자의 가르침은 중국을 안정시킬 수 있는 가장 중요한 이데올로기로 급부상했다. 충효 사상 등 수직적 위계질서가 강조된 유가 사상이 정권과 사회의 안정에 필수 요건이라고 판단한 것이다.

이렇듯 공자의 가르침을 토대로 한 유교는 동아시아의 사회, 문화를 지배한 통치 이념이자 가치 규범이었다. 백성의 삶과 일상에 스며들어 행동을 규정하는 사고의 뿌리였던 것이다. 그리하여 공자의 형상과 그의 일화를 그린 조형물 역시 숭배의 대상으로, 감상의 향유물로 오랜 시간 제작됐다. 공자가 간직한 내면의 미는 이러한 과정을 거쳐 예술로 승화되어 전해졌다.

감사의 글

이 책은 재단법인 아모레퍼시픽재단에서 주관하는 '아시아의 미 (Asian Beauty)' 탐색 프로젝트의 지원을 받아 출간하게 됐다. 나는 오랫동안 한국을 비롯한 동아시아의 회화 연구에 집중해왔다. 그리고 몇 년 전부터 고사인물화를 공부하고 있다. 조선시대의 고사인물화를 살펴보다 보니, 학맥과 도통을 중요시한 인물의 행적이 표현됐고, 그 중심에 공자가 있음을 알게 됐다. 공자의 일생을 그린 성적도(聖蹟圖)의 양상만 어렴풋이 알았던 내게 고사인물화로 표현된 도통의 계보는 신선한 충격으로 다가왔다.

본격적으로 공자를 공부해야겠다는 생각이 들었다. 공자를 비롯해 그와 관련된 인물의 초상화, 성적도, 고사인물화 등을 감상하면서 옛 성현의 발자취를 좇는 일은 무척 즐겁고 행복했다. 남다른 어려움과 역경을 지혜롭게 극복한 성현의 오라는 강했고, 그들의 엉뚱한 행동과 일화는 소소한 즐거움과 해학을 선사했다. "내가 그의 처지였더라면", "그가 지금의 나였더라면" 하는 생각도 해보았다.

이렇듯 이 책은 인간이 간직한 내면의 아름다움을 탐색한다. 공자를 표현한 다양한 시각물을 해석해서 한 인물의 아름다운 삶을 입체적으로 파악하고자 했다. 이 과정에서 선학의 훌륭한 연구 업적은 글쓰기의 길잡이가 됐다. 현재 미술사학계에서 공자 연구의 가장 영향력 있는 권위자는 줄리아 머리(Julia K. Murray) 교수다. 머리 교수는 수십 년 동안 중국의 공자 관련 시각 자료를 모아 분석하여 공자 이미지 연구의 초석을 다졌다. 시대에 따른 공자 도상의 변천과 함의 등 공자 관련 시각물에 대해 다양한 미술사적 해석을 제시했다. 국내에서는 조선미 교수가 공자성적도에 대한 심도 있는 연구를 발표했다. 또 신민규 선생은 조선시대 제례와 첨배의 용도로 제의 시설에 봉안된 도상에 관해 면밀히 고찰했다. 조정육 선생은 조선시대에 유통된 공자 시각물을 논의하면서 쟁점이 되는 화목(畵目)과 작품을 집중적으로 연구했다.

이 책은 선학의 연구 업적을 토대로 다양한 조사, 연구를 거쳐 3년여 만에 세상에 나오게 됐다. 공자의 말씀대로 하늘의 명을 안다는 지천명(知天命)을 넘기면서 옛 성현의 삶을 찬찬히 목도

하니, 그동안 보이지 않던 것이 눈에 들어왔다. 평범한 일상이 가장 소중하다는 진리도 거듭 확인했다. 모든 것이 숫자로 판단되는 세상이지만 세속적 부와 지위 이상의 가치가 존재한다는 것도 새삼 깨달았다. 어떤 상황에서도 흔들리지 않는 평상심이 말도 안 되는 세상사를 극복하는 열쇠임을 명심하게 됐다.

책을 출판하면서 많은 분의 도움을 받았다. 올바른 학자의 길을 보여주시는 홍선표 교수님께 감사드린다. 진정한 학문은 이순(耳順)부터 시작되며, 그 이전의 연구 과정은 '연습생' 생활에 불과하다는 스승의 말씀을 가슴 깊이 새겨본다. 또 이 책이 나오기까지 진심 어린 조언을 주신 장진성 교수님께도 감사드린다. 출판의 모든 과정을 꼼꼼하게 챙겨주신 아모레퍼시픽문화재단과 서해문집에도 감사드린다.

글을 마무리하면서 진정한 인간의 아름다움이란 무엇인지 다시 묻게 된다. 그리고 각각의 아름다움이 서로 어우러져 은은한 미의 향연이 이룩되는 세상을 소망해본다.

2019년 8월, 송희경

주

1. 아름다운 사람, 공자와 그의 일생

1　사마천 저, 김원중 역,《사기세가》, 민음사, 2010, 684쪽 재인용.

2　박성진,〈緯書로 본 한 대의 孔子觀-《春秋》저작을 중심으로-〉,
　　《중국문학연구》39, 한국중문학회, 2009, 17쪽 재인용.

3　孔傳,《東家雜記》, "夫子之像, 其初執傳, 得於其家, 幾二千年. 仰聖人之容色,
　　瞻古人之衣冠, 信所謂溫而厲, 威而不猛, 恭而安. 若夫其道如神, 其德如天,
　　則自民以來未有如夫子, 蓋無得而名."

4　"德侔天地, 道冠古今. 刪述六經, 垂憲萬世."

5　공자가 갖춘 면류관과 면복의 도상 변화는 Julia K. Murray, "Idols' in the
　　Temple: Icons and the Cult of Confucius," *The Journal of Asian Studies*,
　　Vol.68, No.2 (May, 2009), pp.378~379 참조.

6　Lu Wensheng, Julia K. Murray, *Confucius, His Life and Legacy in Art* (China
　　Institute Gallery, 2010), pp.32~35.

7　"瞻闕里於泰山, 彌高益堅, 尋仞牆於洙泗, 過化存神, 金聲玉振,
　　會乾坤之正氣, 河圖洛書, 達古今之至理, 集大成典文物,
　　五十而作麟史, 揭春王之正, 六十而藏甕書, 開受命之符, 如夫子者,
　　任萬世之道權開萬世之宗匠也歟. 孔讚." 번역과 탈초는 동아대학교
　　석당박물관 편,《기록화, 인물화》, 동아대학교석당박물관, 2016, 241쪽 재인용.

8   조인수, 〈동아대학교 석당박물관 소장 성현 초상 일괄에 대하여〉,《기록화,
    인물화》, 동아대학교석당박물관, 2016, 304~306쪽.

9   이광호, 〈유학에서의 믿음과 수양〉,《한국교수불자연합학회지》Vol.17 No.2,
    사단법인 한국교수불자연합회, 2011 참조.

10 강우방,《원융과 조화》, 열화당, 1990, 30쪽.

11 김정락·김진아·송희경,《미술의 이해와 감상》, 한국방송통신대학교출판문화원,
    2014, 84~90쪽.

12 유교 도상학에 대해서는 유권종, 〈중국 유학의 도설과 의의〉,《중국학보》
    53, 한국중국학회, 2006; 〈朝鮮時代 易學 圖象의 歷史에 관한 연구〉,
    《동양철학연구》52, 동양철학연구회, 2007 참조.

2. 공자가 흠모한 인물들

1   김학주,《새로 옮긴 서경》, 명문당, 2012, 52쪽.

2   사마천 저, 김원중 역,《사기본기》, 민음사, 2010, 참조.

3   동양고전연구회 역주,《논어》, 민음사, 2016, 177쪽.

4   왕숙 주, 이민수 역,《공자가어》, 을유문화사, 2003 참조.

5   장현근, 〈성인의 재탄생과 성왕 대 폭군 구조의 형성〉,《정치사상연구》17-2,
    한국정치사상학회, 2011, 110~116쪽. 이 논문에서 장현근은 '聖'이라는 글자가
    성스럽다는 일반적인 의미로 쓰이다가 공자에 이르러 철학적, 정치적 의미를
    부여받아 위대한 인물을 뜻하는 명칭으로 사용됐다고 기술했다.

6   Julia K. Murray, "Descendants and Portraits of Confucius in the early Southern
    Song," 《南宋藝術與文化: Dynastic Renaissance: Art and Culture of the
    Southern Song》, 國立故宮博物院, 2010, p.6.

7   사마천 저, 김원중 역,《사기열전》2, 〈태사공 자서〉, 민음사, 2015, 참조.

8   규장각의 잡직으로, 국왕의 말과 글, 신체를 시각화하는 일을 담당했다.

9   《예기》〈악기〉, "南風之薰兮 可以解吾民之慍兮 南風之時兮
    可以阜吾民之財兮."

10 장언원,《역대명화기》1, 장언원 외 저, 김기주 역주,《중국화론선집》, 미술문화, 2001, 31~33쪽.

11 《국조보감》7, 세종 23년(1441).

12 성종의 서화 취미와 제작, 이에 대한 신하들의 반응에 관한 논고는 이선옥, 〈성종의 서화 애호〉,《조선 왕실의 미술문화》, 대원사, 2005, 113~151쪽 참조.

13 《성종실록》, 성종 7년(1476) 10월 21일.

14 《숙종실록》, 숙종 17년(1691) 11월 12일.

15 김학주,《새로 옮긴 서경》, 명문당, 2012, 134~136쪽.

16 문화재청 편,《한국의 초상화-역사 속의 인물과 조우하다》, 눌와, 2007 참조.

17 황정연, 〈조선시대 궁중 감상화〉,《조선 궁궐의 그림》, 돌베개, 2012, 193~194쪽.

18 "南薰殿草屋, 倣帝堯茅茨不剪之意, 五絃琴風歌, 解吾民含怒, 阜厚之威歟."

19 24명은 제순을 비롯해 한문제(漢文帝), 증삼(曾參), 민손(閔損), 중유(仲由), 동영(董永), 염자(剡子), 강혁(江革), 육적(陸績), 당부인(唐夫人), 오맹(吳猛), 왕상(王祥), 곽거(郭巨), 양향(楊香), 주수창(朱壽昌), 유검루(庾黔婁), 노래자(老萊子), 채순(蔡順), 황향(黃香), 강시(姜詩), 왕포(王褒), 정란(丁蘭), 맹종(孟宗), 황정견(黃庭堅)이다. 橋本草子, 〈全相二十四孝詩選と郭居敬- 二十四孝圖研究ノ一ㅏ, その一〉,《人文論叢》43, 京都女子大學, 1995 참조.

20 倪循과 奉勅이 세종의 명을 받고 편찬한《삼강행실도》에 관한 전반적 논의는 李洙京,《朝鮮時代 孝子圖 研究》, 서울대 고고미술사학과 석사학위논문, 2001, 11~17쪽; 최윤철,《朝鮮時代 行實圖 版畵 研究》, 단국대 사학과 박사학위논문, 2010, 37~42쪽 참조.

21 《논어》〈술이〉, "甚矣, 吾衰也. 久矣, 吾不復夢見周公."

22 《서경》〈주서〉 '무일', "周公曰, 嗚呼, 君子, 所基無逸, 先知稼穡之艱難, 乃逸, 卽知小人之依, 相小人厥父母勤勞稼穡, 厥子, 乃不知稼穡之."

23 李香晩, 〈周公의 文化 개혁과 政治 철학〉,《東洋哲學研究》41, 동양철학연구회, 2005, 199쪽.

24 동양고전연구회 역주,《논어》, 민음사, 2016, 169쪽.

25 《맹자》〈이루〉下, "周公思兼三王, 以施四事, 其有不合者, 仰而思之, 夜以繼日, 幸而得之坐以待旦."

26 동양고전연구회 역주, 《맹자》, 민음사, 2016, 225쪽.

27 김학주 편저, 《새로 옮긴 서경》, 명문당, 2012, 474~475쪽, 481쪽.

28 《治平要覽》89, 당 〈穆宗 長慶 원년〉.

29 《송사》431, 〈孫奭傳〉.

30 성현, 《허백당집》7, 〈왕명을 받들어 쓰는 《경직도》의 후서〉. 沈之漢, 《滄洲集》3, "進四戒圖. 兼陳民瘼疏."

31 유교문화연구소 역, 《시경》, 유교문화연구소, 2008, 601~602쪽.

32 유교문화연구소 역, 《시경》, 610쪽.

33 《한서》 〈곽광전〉.

34 《성종실록》, 성종 12년 신축(1481) 10월 19일.

35 이승소, 《삼탄집》9, 〈응제로 〈주공부성왕조제후도〉에 제하다〉.

36 서거정 찬, 《사가집》40, 〈주공부성왕조제후도〉.

37 김학주 역저, 《새로 옮긴 서경》, 명문당, 2012, 372~374쪽.

38 "三壇三龜手圭璧 金縢有冊明似日, 背負六尺朝諸侯 精忠歷歷在王室, 一身袞鳥居東時 風雷有變天獨知, 欲識萬古元聖心 鴟鴞詩後唐棣詩." 서거정 찬, 《사가시집4》1, 〈집에 소장한 배련의 여덟 폭 그림에 제하다〉. '치효'는 《시경》 〈豳風〉의 편명으로, 치효시는 주공이 일찍이 악인을 올빼미에 비유하여 지은 시를 말한다. '상체'는 唐棣와 같은 뜻으로, 《시경》 〈小雅〉의 편명이다. 《시경》을 읽어보니 성현의 마음을 알 수 있다는 뜻이다.

39 "孔子觀周明堂, 見四門墉有堯舜之容桀紂之象, 又有周公抱成王朝諸侯圖, 孔子謂從者曰, 此周公所以盛也."

40 네이버 지식백과, '노자, 고대 중국의 위대한 철학가이자 사상가', 중국인물사전, 한국인문고전연구소.

41 사마천 저, 김원중 역, 《사기세가》, 민음사, 2010, 653~654쪽. 〈노자한비열전〉에는 "孔子適周, 將問禮於老子"라고 수록되어 있다.

42 《魏志》 〈倉慈傳〉, "漢桓帝立老子廟於 苦縣之賴鄉, 畫孔子象於壁, 疇為陳相, 立孔子碑於像前."

43 Julia K. Murray, "Portraits of Confucius: Icons and Iconoclasm," *Oriental Art*,

vol.47, no.3, 2001, p.18 참조.

44   Wu Hung, *The Art of the Yellow Springs: Understanding Chinese Tombs*,
Honolulu: University of Hawaii' Press, c2010, pp.199~200.

45   조선미, 〈孔子聖蹟圖에 대하여〉, 《공자성적도, 그림으로 보는 공자의 일생》,
성균관대학교박물관, 2009, 147쪽 참조.

46   "孔子與南宮敬叔入周 問禮于老子. 朱子曰, 老子曾為柱下史知禮節 故問之.
惟周柱史 習禮知文. 乃柱聖躬 以廓聖聞. 德比重華 好問好察. 取人爲善
異世同轍."

3. 공자, 제자와 동행한 스승

1   《논어》〈술이〉, "子謂顏淵曰, 用之則行, 舍之則藏. 惟我與爾有是"; 《논어》
〈옹야〉, "子曰, 回也, 其心 三月不違仁 其餘則日月至焉而已."

2   《논어》〈옹야〉, "子曰, 賢哉回也, 一簞食, 一瓢飮, 在陋巷. 人不堪其憂,
回也不改其樂. 賢哉回也."

3   《가보》는 孔道輔(986~1039)의 아들인 공종한이 편찬한 것이다. 愼民橪,
《朝鮮時代 孔子圖像 硏究》, 명지대 대학원 미술사학과 석사학위논문, 2016,
14쪽.

4   Julia K. Murray, "Illustrations of The Life of Confucius: Their Evolution,
Function and Significance in Late Ming China," *Artibus Asiae* 57 nos 1-2, 1997,
pp.80~81.

5   남송 대에는 안회, 증삼, 맹자, 자사를 四配로 추존했고, 명 대에는
안회를 復聖, 증삼을 宗聖이라 명명했다. 《孔子像 衍聖公及夫人肖像》,
山東省曲阜文物管理委員會, 1988 참조.

6   《공자가어》〈치사〉8.

7   "萬世之師, 德不可名. 如日月之光, 更可譽其明. 但默觀其像, 髥髴乎蒙俱.
有德如天, 生不遇時. 噫乎已矣, 麟何獲兮, 鳳何衰. 知顏賢者孔丘,
苦孔卓者顏子. 聖賢道同, 吻合無異. 孔顏二姓, 一體一意. 若七十子之輩,
七十其身而七十其志乎." 서거정 찬, 《동문선》50, 〈선성선사상 찬 병서〉.

8 《공자가어》〈변정〉14, '과포찬정', "吾見其政矣. 入其境, 田疇盡易, 草萊甚辟,
溝洫深治, 此其恭敬以信, 故其民盡力也. 入其邑, 墻屋完固, 樹木甚茂,
此其忠信以寬, 故其民不偸也. 至其庭, 庭甚淸閑, 諸下用命, 此其言明察以斷,
故其政不擾也. 以此觀之, 雖三稱其善, 庸盡其美乎."

9 사마천 저, 김원중 역,《사기세가》, 민음사, 2010, 681쪽.

10 《장자》〈어부〉, "孔子遊乎緇帷之林, 休坐乎杏壇之上, 弟子讀書,
孔子絃歌鼓琴, 奏曲未半."

11 이규경,《오주연문장전산고》〈경사편〉'행단변증설') 참조.

12 이수광,《지봉유설》6,〈제자〉, "孔子坐杏壇之上, 按事文類聚以爲紅杏,
必有所據, 姜希孟詩, 壇上杏花紅半落是也, 或者疑爲銀杏非也."

13 이유원,《임하일기》30,〈춘명일사〉'행단도에 대한 논변' 참조.

14 이갑,《연행기사》〈문견잡기〉'잡기',
"有篆書杏壇二字碑, 壇前有金章宗時石鐫龍爐,
極爲精妙, 其前又有宋御製贊及米芾所書檜樹贊碑,
宋眞宗時君臣所製夫子及七十二弟子贊碑."

15 이규경,《오주연문장전산고》〈인사편〉'부자묘변증설'.

16 〈琴歌古壇〉, "孔子出魯東門, 過古壇, 歷階而上, 顧謂子貢曰,
滋臧文仲誓盟之壇也. 睹物思人, 命琴而歌曰, 暑往寒來春復秋,
夕陽西下水東流, 將軍戰馬今何在, 野草閑花滿地愁." 성균관대학교박물관,
《공자성적도-그림으로 보는 공자의 일생》, 성균관대학교박물관, 2009, 259쪽
참조. 이익도 행단이 바로 노나라 장문중이 맹서한 단이라고 기술했다. 이익,
《성호사설》30,〈시문문〉'행단음' 참조.

17 서거정 찬,《東文選》35,〈表箋〉, '謝宣示太平睿覽圖表'

18 〈杏亶禮樂〉, "孔子歸魯, 然魯終不用, 孔子亦不求仕, 日坐杏壇鼓琴,
與其徒敍書傳禮刪詩正樂贊易, 是杏壇者, 爲萬世立敎之首地也."
성균관대학교박물관,《공자성적도-그림으로 보는 공자의 일생》,
성균관대학교박물관, 2009, 258쪽 참조.

19 최근에는 공자가 안석에 기대어 제자를 맞는 광경이 부처의 설법 장면을 차용한
것이라는 설득력 있는 의견이 제시됐다. 愼民榠, 앞의 논문, 2016, 60~61쪽
참조.

20 동양고전연구회 역주,《논어》, 241~243쪽.

21 《성종실록》, 성종 11년(1480) 10월 14일, "그림 병풍 열두 폭을 내어다 시에 능한
문신 열두 명에게 각각 칠언율시를 짓도록 하다."

22 장유,《계곡집》2, "三千弟子, 立侍杏壇, 回琴點瑟, 南郭子綦, 隱几而坐
槁木死灰, 毗盧遮那, 踞天光臺, 千佛圍遶, 病裏閑居, 偶思此三件景象,
不覺神融, 欲倩畫筆揩作三障子, 顧今世難得龍眠妙手, 畫未易成,
姑先作三贊."

23 장유,《계곡집》2, "條風淑景. 杏花滿庭. 弟子拊絃. 先生默聽. 一團和氣.
沖融無間. 其形可擂. 意不容讚. 右杏壇琴瑟."

24 숙종,《열성어제》15,〈題南郭隱几圖〉;劉美那,《中國 詩文을 주제로 한
朝鮮後期 書畵合璧帖 硏究》, 동국대 미술사학과 박사학위논문, 2005, 161쪽.

25 이 병풍은 공자의 杏壇絃誦을 비롯하여 陋巷簞瓢, 傳授一貫, 撰述中庸,
三宿出晝, 濂溪愛蓮, 百原整襟, 傍花隨柳, 涪陵遇樵, 九曲棹歌로 구성됐다.
어유봉이 쓴〈행단유송〉의 제화시 원문은 "聖師當坐. 哲彦旁列. 絃誦洋洋.
回琴點瑟. 高明廣厚. 太和融徹. 一片杏壇. 唐虞日月"이다. 어유봉,《기원집》
22,〈병화십찬〉참조.

26 이 그림 상단에 쓰인 제기의 원문과 이 그림에 대한 자세한 고증은 愼民樨, 앞의
논문, 2016, 53~59쪽 참조.

27 이황,《퇴계선생문집》2,〈黃仲擧求題畵十幅〉,〈舞雩風詠〉, "童冠春游亦偶然.
何能感聖極稱賢. 若知箇裏眞消息. 蓋世功名一點烟."

28 愼民樨, 앞의 논문, 67쪽.

29 〈풍호무우도〉의 작가에 관한 논의는 張寅昔,《華山館 李命基 繪畵에 대한
硏究》, 명지대 미술사학과 석사학위논문, 2007, 59~61쪽 참조.

30 이 작품의 소재가 '風乎舞雩'임을 언급한 최초의 논고는 愼民樨, 앞의 논문,
68쪽 참조.

4. 공자성적도와 고사도

1 강시정,《조선시대 성현도 연구》, 이화여대 미술사학과 석사학위논문, 2006, 6쪽

참조.

2 장언원,《역대명화기》1, "圖畫者, 有國之鴻寶, 理亂之紀綱.
是以漢明宮殿, 贊茲粉繪之功; 蜀郡學堂, 義存勸戒之道",《畵史叢書》1,
上海人民美術出版社, 1962, 2쪽; 장언원 외 저, 김기주 역주,《중국화론선집》,
미술문화 2002, 35쪽 각주 84 참조.

3 黃休復,《益州名畫錄》卷下, "益州學館記云, 獻帝興平元年,
陳留高眹爲益州太守, 更葺成都玉堂石室, 東別創一石室, 自爲周公禮殿,
其壁上圖畵上古盤古李老等神, 及歷代帝王之像, 梁上又畵仲尼, 七十二弟子,
三皇以來名臣",《畵史叢書》4, 上海人民美術出版社, 1962, 39쪽 참조.

4 조선미,〈孔子聖蹟圖에 대하여〉,《공자성적도, 그림으로 보는 공자의 일생》,
성균관대학교박물관, 2009, 159쪽 재인용.

5 《공자성적지도》는 현재 하버드 대학교 박물관에 소장되어 있으며, 크기는 세로
41 센티미터, 가로 62 센티미터다. Julia K. Murray, "Illustrations of The Life of
Confucius: Their Evolution, Function and Significance in Late Ming China,"
Artibus Asiae 57 nos 1-2, 1997, pp.88~89. 吉簡王 朱見浚은 明代 英宗
朱祁鎭의 일곱 번째 서자로, 봉호는 吉王이며, 어머니는 靖莊安穆宸妃 萬氏다.

6 "吾吳人物之妙, 仇實父爲首推, 卽宋之周文矩劉松年不是過也.
近項君子京徵, 其繪聖蹟圖一卷, 經營苦心, 踰歲畢工, 復示餘 書其事於後,
裝成再閱, 幷爲識之, 以見一時之勝雲, 八月十二日, 徵明." 조선미, 앞의
논문, 152~153쪽 재인용.

7 楊文歡,〈明‧吳嘉謨《孔聖家語圖》と明代の出版〉,《中國文學論集》40,
九州大學中國文學會, 2011, 91~103쪽.

8 조선미, 앞의 논문, 159쪽 재인용.

9 〈子路問津〉, "孔子去葉返乎蔡. 長沮‧桀溺偶而耕, 孔子過之,
使子路問津焉. 曰, 滔滔 者天下皆是也, 而誰與易之. 且而與其從避人之士,
豈若從避世之士㦲. 耰而不輟."

10 〈子路問津〉, "聖在濟人 周流不止. 隱在潔身 潛藏不起. 仕兮止兮 各隨其時.
沮兮溺兮 豈骹如斯."

11 〈子路問津〉, "哀公四年, 孔子如葉反乎蔡, 忘其濟渡處, 見長沮桀溺耦而耕,
使者路問津焉, 曰, 滔滔者天下皆是也, 而誰與易之, 且而與其從避人之士,

豈若從避世之士哉. 耰而不輟." ㆍ

12 '공자관기기' 일화는《순자》20,〈유좌〉;《설원》;《공자가어》2,〈삼서제구〉;
《한시외전》3;《회남자》12,〈도응훈〉 등에 전해진다.

13 劉徽가 찬을 한〈欹器圖一卷〉은《隋書》34,《舊唐書》47,《新唐書》59,《通志》
66 등에 기록되어 있다. 그러나 이 문헌의 기사에서 기기도의 형식은 파악되지
않는다.

14 劉禹錫,〈題欹器圖〉, "秦國功成思稅駕, 晉臣名遂嘆危機. 無因上蔡牽黃犬,
願作丹徒一布衣";《蘇軾詩全集》卷二十五,〈畫車二首〉, "何人畫此雙輪車,
便是當年欹器圖. 上易下難須審細, 左提右契免疏虞."

15 《치평요람》110권, 송〈인종〉.

16 이색,《목은시고》22, "湯有盤銘 太公衍之多矣 比之地名 蓋益切矣 因作一首."

17 《정종실록》, 정종 1(1399) 1월 1일 자.

18 《정종실록》, 정종 1(1399) 1월 3일 자.

19 《세종실록》, 세종 15(1433) 8월 13일 자.

20 박상남,《朝鮮朝 宮闕建築의 儒家美學 硏究: 景福宮을 中心으로》, 성균관대
유학과 석사학위논문, 2009, 77쪽.

21 서거정 찬,《東文選》82,〈김돈 흠경각기〉.

22 《해동잡록》〈본조〉'손순효'; 신흠,《상촌선생집》28,〈우참찬송공신도비명〉.

23 楊文歡,〈明·吳嘉謨《孔聖家語圖》と明代の出版〉,《中國文學論集》40,
九州大學中國文學會, 2011, 91~103쪽.

24 竹村則行,《《聖蹟全圖》(康熙二十五年序刊本)を踏襲した淸末顧沅の《聖
蹟圖》》,《文學硏究》111, 九州大學大學院 人文科學硏究院, 2014, 37~66쪽.

25 〈觀器論道〉, "孔子觀於魯桓公之廟有欹器焉, 曰吾聞虛則欹中則正滿則覆,
明君以爲至戒謂弟子注水試之信, 然嘆曰夫物惡有滿而不覆者哉,
子路進曰敢問持晩有道乎, 曰滿而損之又損可也."

26 《양정도해》에 관한 전반적 사항은 劉美那, 앞의 논문, 2005, 140~143쪽;
김영욱,〈歷代 帝王의 故事를 그린 조선 후기 왕실 鑑戒畵〉,《美術史學》28,
한국미술사교육학회, 2014, 228~231쪽 참조.

2/　한림대학교박물관,《산해관을 넘어 현해탄을 건너-한중일 지식인의 교유》,
　　한림대학교박물관, 2012, 99쪽.

28　雪村周繼와 周楊의 작품에 관한 논의는 山田, 烈,〈雪村筆孔子観欹器圖小考〉,
　　《東北芸術工科大學紀要》15, 2008, 참조.

29　"孔子觀于周廟, 有欹器焉, 以水試之. 虛則敧, 中則正, 滿則覆.
　　孔子顧謂弟子曰, 嗚呼, 烏有滿而不覆者乎.【臣弘道】【醉畫士】" 화제에
　　'周廟'라고 표현된 것으로 봐서 이 그림의 작가는 오가모본류의 성적도를
　　참조했음을 알 수 있다.(탈초, 번역 : 김채식 선생님)

5. 유학자, 공자의 사유와 행적을 따르다

1　《孟子》〈公孫丑〉上, "昔者 子貢問於孔子曰, 夫子 聖矣乎? 孔子曰,
　　聖則吾不能, 我學不厭而教不倦也";《孟子》〈萬章〉下, "孟子曰:伯夷,
　　聖之淸者也. 伊尹, 聖之任者也. 柳下惠, 聖之和者也. 孔子, 聖之時者也";
　　박미라,〈文廟 祭祀에서의 孔子 位相 문제〉,《東洋古典研究》53,
　　동양고전연구회, 2013, 117~119쪽 재인용.

2　김용헌,《조선 성리학, 지식권력의 탄생》, 프로네시스, 2010, 298쪽.

3　《구당서》〈예악지〉; 박미라,〈文廟 祭祀에서의 孔子 位相 문제〉,
　　《東洋古典研究》53, 동양고전연구회, 2013, 122쪽 재인용.

4　명말청초의 학자인 顧炎武(1613~1682)가 편찬한《日知錄》에는 송 대
　　성현의 종사가 1267년에, 사성 배향이 1241년에 시작됐다고 기술되어
　　있다. 杉原たく哉,〈狩野山雪筆歷聖大儒像について〉,《美術史研究》30,
　　早稻田大學美術史學會, 1992, 96쪽 참조.

5　윤주필,〈동아시아 문명권의 공자 형상과 인식〉,《민족문화연구》61, 고려대학교
　　민족문화연구원, 2013, 218쪽.

6　김용헌,《조선 성리학, 지식권력의 탄생》, 프로네시스, 2010, 300쪽.

7　《삼국사기》8,〈신라본기〉8, "성덕왕-김수충이 당에서 돌아오다"(717년 음력 9월).

8　김용헌,《조선 성리학, 지식권력의 탄생》, 프로네시스, 2010, 305쪽.

9　金泳斗,《朝鮮 前期 道統論의 展開와 文廟從祀》, 서강대 사학과 박사학위논문,

2005, 1~2쪽.

10 정만조, 〈조선시대 붕당론의 전개와 그 성격〉,《조선 후기 당쟁의 종합적 검토》,
    한국정신문화연구원, 1992, 103쪽.

11 장현광,《旅軒先生續集》5,《우주요괄첩》,〈전통첩 권오〉; 장현광,
    《旅軒先生文集》8,《역학도설》,〈도통지도〉 참조

12 안정복,《順菴集》,〈순암선생연보〉 참조.

13 이만부,《식산집》20,〈오현도지〉, "濂溪先生中坐, 明道先生東,
    而橫渠先生次之, 伊川先生西, 而晦菴先生次之, 夫兩程旣受訣濂翁,
    橫渠於兩程, (……) 此圖, 歸不佞曰, 此吾先祖所敬守者, 子宜奉之書樓,
    終歸吾之雲仍也. 蓋公長孫玄壽從余遊." 이만부가 소장한 〈오현도〉에 관한
    논의와 五賢圖識의 번역문은 박은순,《공재 윤두서-조선 후기 선비 그림의
    선구자》, 돌베개, 2010, 181~182쪽 참조.

14 이옥,《박천집》4,〈경서십성현화상찬설후서〉, "近取君臣圖像帖,
    拈十聖賢像上, 自夫子下止朱先生, 摹成一帖 (……) 吾謂以目瞻聖賢顏範,
    不若以心體聖賢訓辭" 참조.

15 차미애,《공재 윤두서 일가의 회화 연구》, 홍익대 미술사학과 박사학위논문,
    2010, 263~268쪽 참조.

16 차미애, 위의 논문, 367쪽.

17 윤두서의《십이성현화첩》과《오성도첩》에 관한 논의는 박은순,《공재 윤두서-
    조선 후기 선비 그림의 선구자》, 돌베개, 2010, 179~184쪽; 차미애, 위의 논문,
    357~391쪽 참조.

18 국립중앙박물관 편,《조선시대 인물화 I》, 국립중앙박물관, 2015, 258-259쪽.

19 그림의 왼쪽에는 이익의 찬문이 적혀 있다. 이익,《성호전집》48,
    〈십이성현화상찬〉, "鳳逝麟廢, 道寄方策, 孰確而傳, 曾以魯得, 彼回曁偃,
    右侍左尙, 嗚乎先師, 儼若遺像, 第二贊."

20 영양사에 봉안됐던 열두 성현의 초상화는 현재 분실되어 사진 도판으로만
    확인된다. 공자를 포함한 열두 성현의 초상화에 대해서는《석지 채용신-붓으로
    사람을 만나다》, 국립전주박물관, 2011, 70~71쪽 참조.

21 愼民樞, 앞의 논문, 102쪽.

22 유미나, 〈조선시대 箕子에 대한 認識과 箕子 遺像〉, 《강좌미술사》44, 한국불교미술사학회, 2015, 235~236쪽.

23 주자, 《주자전서》66, 〈육선생화상찬〉: 주세붕, 《죽계지》5 〈잡록〉 '육선생화상찬' 주희. 번역문은 고전번역원 사이트 참조.

24 〈濂溪先生〉, "道喪千載 聖遠言堙, 不有先覺 孰開我人, 書不盡言 圖不盡意, 風月無邊 庭草交翠."

25 〈明道先生〉, "揚休山立 玉色金聲, 元氣之會 渾然天成, 瑞日祥雲 和風甘雨, 龍德正中 厥施斯普."

26 〈伊川先生〉, "規員矩方 繩直準平, 允矣君子 展也大成, 布帛之文 菽粟之味, 知德者希 孰識其貴."

27 〈康節先生〉, "天挺人豪 英邁蓋世, 駕風鞭霆 歷覽無際, 手深月窟 足躡天根, 閑中今古 醉裏乾坤."

28 〈橫渠先生〉, "早悅孫吳 晩逃佛老, 勇撤皐比 一變至道, 精思力踐 妙契疾書, 訂頑之訓 示我廣居."

29 〈涑水先生〉, "篤學力行 淸脩苦節, 有德有言 有功有烈, 深衣大帶 張拱徐趨, 遺象凜然 可肅薄夫."

30 김창협, 《농암집》31, 〈內篇〉1, '雜識'.

31 申欽, 《象村集》20, "疏恬陶節共峥嶸, 戴逸王淸亦性情, 千古人豪, 邵夫子, 天根月窟任閒行."

32 조선 후기 소옹고사도에 대한 논의는 송희경, 〈조선 후기 邵雍故事圖의 유형과 표상〉, 《石堂論叢》49, 동아대학교 석당학술원, 2011, 55~90쪽 참조.

33 정이와 정호의 고사인물화 화제는 송희경, 〈정선이 그린 程顥·程頤 고사인물화〉, 《東方學》20, 한서대학교 동양고전연구소, 2011, 240~275쪽 참조.

34 노성 궐리사 소장 공자상의 자세한 고증은 愼民楼, 앞의 논문, 2016, 81~95쪽 참조.

35 정선의 성현고사첩에 관한 연구는 조인수, 〈정선의 〈겸재화〉 화첩 중 고사 인물을 주제로 한 그림〉, 《丹豪文化硏究》13, 용인대학교 전통문화연구소, 2010, 108~131쪽; 정경숙, 〈謙齋 鄭敾(1676~1759)의 《七先生詩畵帖》 고찰〉,

《인문과학연구논총》37, 명지대학교 인문과학연구소, 2016, 359~394쪽 참조.

36 김영두, 〈문묘와 문묘 종사〉, 《선비문화》10, 남명학연구원, 2011, 5쪽.

37 정선의 《칠선생시화첩》에 관한 논의는 石附啓子, 〈鄭歚筆 七先生詩畵帖〉, 《國華》1423, 朝日新聞社, 2014, 39~43쪽; 정경숙, 앞의 논문, 359~394쪽 참조.

38 我觀謙齋畵多 ■ ■精妙得意者, 盖鮮矣, 文章固有神, 丹靑獨無神乎, 吾知謙齋以當代第一名, 畵 畵古第一名賢周程張邵朱李七先生詩意, 也宜其心與神, 融會鼓舞, 自不覺其天機流動, 造化不能秘 ■ ■也. 噫異哉, 可敬可玩, 余獨怪夫今世好畵爲尙, 自卿相而草布, 無不有藏, 有能畵於粉墨之外者, 裦衣博帶, 矩步而繩趨, 不問可知, 爲學聖賢, 而夷考其私, 或 ■不相符, 是非能畵周程張朱於粉墨之外者 ■ ■, 胸中虛靜, 自有眞意, 與天地同流, 不息其氣象, 雖有龍眠 ■畵, 其髣髴而不能也. 噫世之人, 能好其能畵, 而不能好其不能畵者, 何多也. 宜乎一天下作虛畵世界, 好畵成風, 有不足怪, 雖然好畵龍而眞龍入 濂洛邈矣. 武夷荒矣. 今七幅繪 ■, 猶 ■人山仰, 山仰不足, 或能其不能畵者, 則畵亦爲助也. 是旣第一名畵第一名賢之詩意, 又得今之第一名書書其詩, 是宜作第一名, 帖 韓翊寶是帖, 其將講第一 ■ ■ ■, 不知此世, 能好其不能畵者誰也. 韓翊其 (……) 丙寅夏無臭翁. (탈초, 번역: 김채식 선생님)

39 朴師海, 《蒼巖集》9, 〈咸興本宮松圖記〉, 안휘준: 〈돌아온 문화재 어떻게 할 것인가-왜관수도원 소장 《겸재정선화첩》을 중심으로〉, 《왜관수도원으로 돌아온 겸재정선화첩》, 국외소재문화재재단, 2013, 68~69쪽.

40 정경숙은 한생이라는 인물을 여동생의 아들인 韓光啓(1709~?)로 추정한다. 정경숙, 〈謙齋 鄭歚(1676~1759)의 《七先生詩畵帖》고찰〉, 《인문과학연구논총》 37, 명지대학교 인문과학연구소, 2016, 366~367쪽.

41 程頤, 《二程全書》43, 〈謝王佺期寄藥〉, "至誠通聖藥通神, 遠寄衰翁濟病身. 我亦有丹君信否, 用時還解壽斯民."

42 어유봉, 《杞園集》22, 〈병화십찬〉.

43 어유봉은 '방화수류'를 묘사할 때 정호의 〈춘일우성〉에 사용된 '午天', '花', '柳'를 인용했는데, 이러한 시어는 정선의 그림에 나타나 있다. 또 '부릉우초'의 '驚舟', '人如山坐', '樵'도 정선의 〈부강〉에서 목격되는 도상이다.

44 조인수, 〈정선의 〈겸재화〉 화첩 중 고사 인물을 주제로 한 그림〉,
    《丹豪文化研究》13, 용인대학교 전통문화연구소, 2010, 127쪽 참조.

45 유한준, 《自著》19, 〈宋六先生六事. 屛讚 爲永嘉金季明作〉, "我觀六畵,
    六先生跡, 不由其跡, 孰究其樂, 融而會之, 天趣自得"; 신원록, 《悔堂集》
    1, 〈用先祖文康公畵屛命題家藏八帖屛八絶〉, "作座右小屛, 時一開屛,
    令人肅然, 有所祇敬顧"; 秦弘燮 編, 《韓國美術史資料集成》4, 일지사, 1995,
    509쪽 참조.

46 박경남, 《兪漢雋의 道文分離論과 散文世界》, 서울대 국문학과 박사학위논문,
    2009, 194~198쪽 참조.

47 주자 초상을 비롯해 주자 관련 그림에 관한 전반적 논의는 박정애, 〈조선시대
    朱子 崇慕熱과 그 이미지의 시각화 양상〉, 《대동문화연구》93, 성균관대학교
    대동문화연구원, 2016, 199~239쪽 참조.

48 구곡도에 반영된 도통 의식에 관한 논의는 조규희, 〈조선 유학의 '道統' 의식과
    九曲圖〉, 《역사와 경계》61, 부산경남사학회, 2006, 1~24쪽 참조.

49 성현유적도이자 명승명소도로서의 도산도는 유재빈, 〈陶山圖 연구〉,
    《美術史學硏究》250·251, 韓國美術史學會, 2006, 199~207쪽 참조.

50 이민선, 《영조의 군주 의식과 〈장주묘암도〉-궁중회화의 정치적 성격과
    관련하여》, 서울대 고고미술사학과 석사학위논문, 2012, 5쪽.

51 정선의 〈취성도〉를 당시 정치적, 사회문화적 환경 속에서 교훈을 주는 작품으로
    해석한 논의는 조규희, 〈1746년의 그림: '시대의 눈'으로 바라본 〈장주묘암도〉와
    규장각 소장 《관동십경도첩》〉, 《미술사와 시각문화》6, 미술사와 시각문화학회,
    2007 참조.

52 《퇴우이선생진적첩》을 정선 가문의 도맥도이자 가문의 정체성을 드러내기
    위한 사가도로 규정한 논의는 조규희, 《朝鮮時代 別墅圖 硏究》, 서울대
    고고미술사학과 박사학위논문, 2006, 270·290쪽 참조.

53 박경남, 앞의 논문, 35~52쪽 참조.

1 杉原たく哉,〈狩野山雪筆歷聖大儒像について〉,《美術史研究》30,
早稻田大學美術史學會, 1992, 94~95쪽.

2 〈엔기시키〉는 905년 다이고 천황의 명에 따라 藤原時平ら가 편찬을 시작했고
藤原忠平가 완성하여 967년 시행된 율령 세칙이다. 〈엔기시키〉 권20에는 당시
율령제를 시행하던 기관인 대학료의 화상 진설이 다음과 같이 기록되어 있다.
"釋奠 十一座, 二座 先聖文宣王 先師顏子, 從祀 九座 閔子騫, 冉伯牛, 仲弓,
冉有, 季路, 宰我, 子貢, 子游, 子夏."

3 박훈,〈유학의 확산과 '사대부적 정치 문화'의 형성〉,《메이지 유신은 어떻게
가능했는가》, 민음사, 2014, 133~135쪽.

4 박훈, 위의 책, 151쪽.

5 박종배,〈일본 근세 문묘의 설립과 변천에 관한 일 고찰〉,《교육사학연구》24-1,
33~41쪽.

6 犬塚遜,《昌平志》5,〈殿上列位圖〉文政1, 1818, 일본 국회도서관 소장본 참조.

7 犬塚遜,《昌平志》3,〈禮器志〉, "掛畫 二十一幀 (……) 幷畫員狩野山雪寫,
朝鮮通訓大夫, 金世濂贊書."

8 21명의 성현 초상화에 대한 전반적 논의는 杉原たく哉, 앞의
논문, 守屋正彦,〈歷聖大儒像と探幽·尙信の新出屛風について〉,
《芸術學系·附屬圖書館共催特別展
〈筑波大學附屬圖書館所藏 日本美術の名品: 石山寺一切経,
狩野探幽·尙信の新出屛風絵と歷聖大儒像〉》, 筑波大學附屬圖書館, 2000
참조.

9 석전도 가운데 두루마리가 아닌 괘축(족자) 형식으로 된 그림은
〈탕도성당석전도〉가 유일하다. 에도 시대에 제작된 석전도에 관한 전반적
논의는 菜穗子橫島,〈《湯島聖堂釈奠圖》について〉,《日本美術研究》
別冊(特別), 筑波大學日本美術史研究室, 2005, 67~84쪽 참조.

참고문헌

단행본

강관식, 《조선 후기 궁중화원 연구》 상, 돌베개, 2001.

김용헌, 《조선 성리학, 지식권력의 탄생》, 프로네시스, 2010.

박은순, 《공재 윤두서-조선 후기 선비 그림의 선구자》, 돌베개, 2010.

박훈, 《메이지 유신은 어떻게 가능했는가》, 민음사, 2014.

이두희·이충구 공역, 《석지 채용신 실기(석강실기)》, 국학자료원, 2004.

Lu Wensheng, Julia K. Murray, *Confucius, His Life and Legacy in Art*, China
    Institute Gallery, 2010.

Wu Hung, *The art of the Yellow Springs: Understanding Chinese Tombs*,
    Honolulu: University of Hawaii' Press, 2010.

논문

강시정, 《조선시대 성현도 연구》, 이화여대 미술사학과 석사학위논문, 2006.

강신애, 《조선시대 무이구곡도 연구》, 고려대 고고미술사학과 석사학위논문, 2004.

고연희, 《《서경》의 이미지화 고찰》,《온지논총》42, 온지학회, 2015.

김영두, 《조선 전기 道統論의 전개와 문묘 종사》, 서강대 사학과 박사학위논문, 2005.

김영두, 〈문묘와 문묘 종사〉,《선비문화》10, 남명학연구원, 2011.

김영욱, 〈역대 제왕의 고사를 그린 조선 후기 왕실 鑑戒畵〉,《미술사학》28,
　　　한국미술사교육학회, 2014.

박미라, 〈문묘 제사에서의 공자 위상 문제〉,《동양고전연구》53, 동양고전연구회,
　　　2013.

박상남, 《조선조 궁궐 건축의 유가 미학 연구-경복궁을 중심으로》, 성균관대 유학과
　　　석사학위논문, 2009.

박성진, 〈緯書로 본 漢代의 孔子觀-《春秋》 저작을 중심으로-〉,《중국문학연구》39,
　　　한국중문학회, 2009.

박정애, 〈조선시대 朱子 崇慕熱과 그 이미지의 시각화 양상〉,《대동문화연구》93,
　　　성균관대학교 대동문화연구원, 2016.

송희경, 〈정선이 그린 정호·정이 고사인물화〉,《동방학》20, 한서대학교
　　　동양고전연구소, 2011.

_____, 〈조선 후기 소옹고사도의 유형과 표상〉,《석당논총》49, 동아대학교
　　　석당학술원, 2011.

신민규, 《조선시대 공자도상 연구》, 명지대 대학원 미술사학과 석사학위논문, 2016.

안휘준, 〈돌아온 문화재 어떻게 할 것인가-왜관수도원 소장《겸재정선화첩》을
　　　중심으로〉,《왜관수도원으로 돌아온 겸재정선화첩》, 국외소재문화재재단,
　　　2013.

유권종, 〈조선시대 易學 圖象의 역사에 관한 연구〉,《동양철학연구》52,
　　　동양철학연구회, 2007.

_____, 〈중국 유학의 도설과 의의〉,《중국학보》53, 한국중국학회, 2006.

유미나, 《중국 詩文을 주제로 한 조선 후기 書畵合璧帖 연구》, 동국대 미술사학과
　　　박사학위논문, 2005.

_____, 〈조선시대 箕子에 대한 인식과 箕子 遺像〉,《강좌미술사》44,
　　　한국불교미술사학회, 2015.

유재빈, 〈陶山圖 연구〉, 《미술사학연구》 250·251, 한국미술사학회, 2006.

윤주필, 〈동아시아 문명권의 공자 형상과 인식〉, 《민족문화연구》 61, 고려대학교
    민족문화연구원, 2013.

이민선, 《영조의 군주의식과 〈장주묘암도〉-궁중회화의 정치적 성격과 관련하여-》,
    서울대 고고미술사학과 석사학위논문, 2012.

이선옥, 〈성종의 서화 애호〉, 《조선 왕실의 미술문화》, 대원사, 2005.

이수경, 《조선시대 孝子圖 연구》, 서울대 석사학위논문, 2001.

이향만, 〈周公의 문화 개혁과 정치철학〉, 《동양철학연구》 41, 동양철학연구회, 2005.

장인석, 《華山館 李命基 회화에 대한 연구》, 명지대 미술사학과 석사학위논문, 2007.

장진성, 〈정선과 酬應畵〉, 《미술사의 정립과 확산》 1, 사회평론, 2006.

_____, 〈정선의 그림 수요 대응 및 작화 방식〉, 《동악미술사학》 11, 동악미술사학회,
    2010.

장현근, 〈성인의 재탄생과 성왕 대 폭군 구조의 형성〉, 《정치사상연구》 17-2,
    한국정치사상학회, 2011.

정경숙, 〈겸재 정선(1676~1759)의 《七先生詩畵帖》 고찰〉, 《인문과학연구논총》 37,
    명지대학교 인문과학연구소, 2016.

정만조, 〈조선시대 붕당론의 전개와 그 성격〉, 《조선 후기 당쟁의 종합적 검토》,
    한국정신문화연구원, 1992.

조규희, 《조선시대 別墅圖 연구》, 서울대 고고미술사학과 박사학위논문, 2006.

_____, 〈1746년의 그림-'시대의 눈'으로 바라본 〈장주묘암도〉와 규장각 소장
    《관동십경도첩》〉, 《미술사와 시각문화》 6, 미술사와 시각문화학회, 2007.

_____, 〈조선 유학의 '道統' 의식과 九曲圖〉, 《역사와 경계》 61, 부산경남사학회,
    2006.

조선미, 〈孔子聖蹟圖에 대하여〉, 《공자성적도, 그림으로 보는 공자의 일생》,
    성균관대학교 박물관, 2009.

조인수, 〈동아대학교 석당박물관 소장 성현 초상 일괄에 대하여〉, 《기록화, 인물화》,
    동아대학교 석당박물관, 2016.

_____, 〈정선의 〈겸재화〉 화첩 중 고사 인물을 주제로 한 그림〉, 《단호문화연구》 13,

용인대학교 전통문화연구소, 2010.

조정육,〈萬世師表의 表象〈孔子行敎像〉의 연원과 전개 과정〉,《동악미술사학》19,
　　　동악미술사학회, 2016.

_____,〈紹修書院 소장〈大成至聖文宣王殿坐圖〉의 재검토〉,《동악미술사학》20,
　　　동악미술사학회, 2016.

진준현,〈서울대학교박물관 소장 단원 김홍도의 그림과 글씨〉,《서울대학교박물관
　　　연보》3, 서울대학교 박물관, 1991.

차미애,《공재 윤두서 일가의 회화 연구》, 홍익대 미술사학과 박사학위논문, 2010.

최윤철,《조선시대 行實圖 版畵 연구》, 단국대 박사학위논문, 2010.

황정연,〈조선시대 궁중 감상화〉,《조선 궁궐의 그림》, 돌베개, 2012.

橋本草子,〈《全相二十四孝詩選》と郭居敬−二十四孝圖研究ノート,その一〉,
　　　《人文論叢》43, 京都女子大學, 1995.

杉原たく哉,〈狩野山雪筆歷聖大儒像について〉,《美術史研究》30,
　　　早稻田大學美術史學會, 1992.

石附啓子,〈鄭敾筆 七先生詩畵帖〉,《國華》1423, 朝日新聞社, 2014.

守屋正彦,〈歷聖大儒像と探幽·尙信の新出屛風について〉,
　　　《芸術學系·附屬圖書館共催特別展
　　　〈筑波大學附屬圖書館所藏日本美術の名品～石山寺一切経,
　　　狩野探幽·尙信の新出屛風絵と歷聖大儒像～〉》, 筑波大學附屬圖書館,
　　　2000.

楊文歡,〈明·吳嘉謨《孔聖家語圖》と明代の出版〉,《中國文學論集》40, 九州大學
　　　中國文學會, 2011.

竹村則行,〈《聖蹟全圖》(康熙二十五年序刊本)を踏襲した清末顧沅の《聖蹟圖》〉,
　　　《文學研究》111, 九州大學大學院 人文科學研究院, 2014.

茱穗子橫島,〈《湯島聖堂釈奠圖》について〉,《日本美術研究》別冊(特別),
　　　筑波大學日本美術史研究室, 2005.

Julia K. Murray, "'Idols' in the Temple: Icons and the Cult of Confucius," *The Journal of Asian Studies*, Vol. 68, No. 2, May, 2009.

_____, "Descendants and Portraits of Confucius in the early Southern Song," 《南宋藝術與文化: *Dynastic Renaissance: Art and Culture of the Southern Song*》, 國立故宮博物院, 2010.

_____, "Illustrations of The Life of Confucius: Their Evolution, Function and Significance in Late Ming China," *Artibus Asiae* 57 nos 1-2, 1997.

_____, "Portraits of Confucius: Icons and Iconoclasm," *Oriental Art*, vol. 47, no. 3, 2001.

경서류

김학주,《새로 옮긴 서경》, 명문당, 2012.

동양고전연구회 역주,《논어》, 민음사, 2016.

_____,《맹자》, 민음사, 2016.

왕숙 주, 이민수 역,《공자가어》, 을유문화사, 2003.

유교문화연구소 역,《시경》, 유교문화연구소, 2008.

사서류

《국조보감》, 고전번역원 DB

《삼국사기》

《성종실록》, 고전번역원 DB

《세종실록》, 고전번역원 DB

《송사》

《숙종실록》, 고전번역원 DB

《정종실록》, 고전번역원 DB

《태종실록》, 고전번역원 DB

《漢書》

사마천 저, 김원중 역,《사기》, 민음사, 2011.

사마천 저, 김원중 역,《사기세가》, 민음사, 2010.

문집류

《열성어제》

공전,《동가잡기》, 사고전서 DB

서거정 찬,《동문선》, 고전번역원 DB

설순·봉칙 찬,《삼강행실도》, 고려대학교도서관(만송문고 貴296B 1)

성현,《허백당집》, 고전번역원 DB

이갑,《연행기사》, 고전번역원 DB

이규경,《오주연문장전산고》, 고전번역원 DB

이만부,《식산집》

이색,《목은시고》, 고전번역원 DB

이수광,《지봉유설》, 고전번역원 DB

이승소,《삼탄집》, 고전번역원 DB

이유원,《임하일기》, 고전번역원 DB

이익,《성호전집》, 고전번역원 DB

이행,《용재집》, 고전번역원 DB

이황,《퇴계선생문집》

장언원,《역대명화기》《화사총서》1권, 상해인민미술출판사, 1962).

장유,《계곡집》, 고전번역원 DB

장현광,《여헌선생문집》, 고전번역원 DB

주자,《주자전서》, 사고전서 DB

황휴복,《익주명화록》《화사총서》4권, 상해인민미술출판사, 1962).

도록

국립전주박물관 편,《석지 채용신-붓으로 사람을 만나다》, 국립전주박물관, 2011.

동아대학교 석당박물관 편,《기록화, 인물화》, 동아대학교 석당박물관, 2016.

문화재청 편,《한국의 초상화-역사 속의 인물과 조우하다》, 눌와, 2007.

성균관대학교 박물관,《공자성적도-그림으로 보는 공자의 일생》, 성균관대학교
　　　　박물관, 2009.

한림대학교박물관,《산해관을 넘어 현해탄을 건너-한중일 지식인의 교유》,
　　　　한림대학교박물관, 2012.

中國美術全集 編纂委員會,《中國美術全集》19, 石刻線畵, 上海人民出版社, 1988.

筑波大學附属圖書館,《芸術學系·附属圖書館共催特別展
　　　　〈筑波大學附属圖書館所藏 日本美術の名品~石山寺一切経,
　　　　狩野探幽·尚信の新出屏風絵と歴聖大儒像~〉》, 筑波大學附属圖書館,
　　　　2000.

인터넷 사이트

네이버 지식백과, 중국인물사전, 한국인문고전연구소, 노자 고대 중국의 위대한
　　　　철학가이자 사상가. https://terms.naver.com/entry.nhn?docId=3537780&c
　　　　id=62066&categoryId=62066

네이버지식백과, 서울대학교 철학사상연구소, 공자. https://terms.naver.com/entry.n
　　　　hn?docId=800846&cid=41978&categoryId=41982

위키백과, 삼황오제. https://ko.wikipedia.org/wiki/%EC%82%BC%ED%99%A9%
　　　　EC%98%A4%EC%A0%9C

그림 목록

그림 2-1. 작자 미상,《명현제왕사적도》, 비단에 채색, 각 107.3×41.8cm,
　　　국립중앙박물관(덕수 1484)

그림 2-2. 작자 미상,《고석성왕치정도》, 비단에 채색, 각 106.7×43cm,
　　　국립중앙박물관(덕수 2274)

그림 2-3. 김홍도, 〈토계모자도〉, 종이에 담채, 103.3×42cm, 고려대학교박물관

그림 2-4. 석관, 북위 525년, 높이 64cm, The Nelson-Atkins Museum of Art; The
　　　Cleveland Museum of Art, Nelson Gallery and Atkins Museum of Fine
　　　Arts, *Eight dynasties of Chinese painting: the collections of the Nelson
　　　Gallery-Atkins Museum, Kansas City, and the Cleveland Museum of
　　　Art* (Cleveland: Cleveland Museum of Art, 1980), pl. 4.

그림 2-5. 곽거경 편, 〈대순〉,《전상이십사효시선》, 중국국가도서관
　　　(橋本草子,《《全相二十四孝詩選》と郭居敬-二十四孝圖研究ノ一ト,その一〉,《人文論叢》43,
　　　京都女子大學, 1995)

그림 2-6. 설순 저, 봉칙 찬, 〈효자〉,《삼강행실도》'순제대효', 1432, 목판본,
　　　26.7×16.5cm, 고려대학교도서관(만송문고 貴296B 1)(송희경 촬영)

그림 2-7. 이방운,《빈풍칠월도첩》2면, 종이에 담채, 26.6×20.1cm,
　　　국립중앙박물관(동원 2174)

그림 2-8. 이방운,《빈풍칠월도첩》7면, 위와 같음.

그림 2-9. 작자 미상, 〈관주명당〉,《공자성적도》, 1742, 종이에 담채, 33×54cm,
　　　국립중앙박물관(동원 2177)

그림 2-10. 〈공자견노자〉, 후한, 산동성 가상현 무량사
　　　(Wu Hung, *The Wu Liang Shrine : the ideology of early Chinese pictorial art*, Stanford, Calif.
　　　: Stanford University Press, 1989, p. 43)

그림 2-11. 〈공자견노자〉(부분), (《공자성적도-그림으로 보는 공자의 일생》, 성균관대학교 박물관,
　　　2009, 147쪽)

그림 2-12. 김진여, 〈문례노담〉,《성적도》, 비단에 채색, 31.5×62.1cm,
　　　국립중앙박물관(덕수 1397)

4. 공자성적도와 고사도

그림 5-19. 정선, 〈온공낙원〉, 《겸재화첩》, 위와 같음

그림 5-20. 정선, 〈무이도가〉, 《겸재화첩》, 위와 같음

그림 5-21. 정선, 〈자헌잠농〉, 《겸재화첩》, 위와 같음

그림 5-22. 정선, 〈염계애련〉, 《칠선생시화첩》, 비단에 채색, 32.3×21.3cm,
삼성미술관 리움

그림 5-23. 정선, 〈강절소거〉, 《칠선생시화첩》, 위와 같음

그림 5-24. 정선, 〈명도춘일〉, 《칠선생시화첩》, 위와 같음

그림 5-25. 정선, 〈이천사단〉, 《칠선생시화첩》, 위와 같음

그림 5-26. 정선, 〈횡거영초〉, 《칠선생시화첩》, 위와 같음

그림 5-27. 정선, 〈도지전체〉, 《칠선생시화첩》, 위와 같음

그림 5-28. 정선, 〈도산퇴계〉, 《칠선생시화첩》, 위와 같음

그림 5-29. 작자 미상, 〈장주묘암도〉, 1746, 종이에 채색, 112×63cm, 삼성미술관
리움

그림 5-30. 정선, 〈취성도〉, 비단에 채색, 145.8×61.5cm, 개인 소장(최완수, 《겸재 정선》
3, 현암사, 2009, 도판 157)

그림 5-31. 정선, 〈계상정거도〉, 《퇴우이선생진적첩》, 1746, 종이에 수묵,
25.3×39.8cm, 개인 소장(국립중앙박물관 편, 《겸재 정선: 붓으로 펼친 천지조화》,
국립중앙박물관, 2009, 도 99)

그림 5-32. 정선 〈무봉산중도〉, 〈풍계유택도〉, 《퇴우이선생진적첩》, 1746, 종이에
수묵, 30.2×21.5cm, 개인 소장(국립중앙박물관 편, 《겸재 정선: 붓으로 펼친 천지조화》,
국립중앙박물관, 2009, 도 40·41)

그림 5-33. 정선, 〈인곡정사도〉, 《퇴우이선생진적첩》, 1746, 종이에 수묵,
32.3×22cm, 개인 소장(국립중앙박물관 편, 《겸재 정선: 붓으로 펼친 천지조화》,
국립중앙박물관, 2009, 도 43)

그림 5-34. 김홍도, 〈화외소거〉, 《중국고사화》, 종이에 수묵담채, 111.9x52.6cm,
간송미술문화재단

그림 5-35. 김홍도, 〈무이귀도〉, 《중국고사화》, 위와 같음

그림 5-36. 김홍도, 〈서원아집도〉, 병풍, 1778, 비단에 채색, 122.7×287.4cm,

국립중앙박물관(덕수4057)

6. 일본으로 건너간 유학

그림 6-1 가노 산세쓰, 〈공자상〉, 1632, 비단에 채색, 도쿄국립박물관
(https://webarchives.tnm.jp/imgsearch/show/E0031474)

그림 6-2. 가노 단유, 〈공자〉, 〈안회〉, 〈증자〉, 17세기, 비단에 수묵 담채,
104.3×74.4cm, 보스턴 미술관
(https://collections.mfa.org/download/24861, https://collections.mfa.org/download/24862,
https://collections.mfa.org/download/24863)

그림 6-3. 가노 세이세이인오사노부, 〈공자상〉, 19세기 초, 종이에 채색,
151.4×82.3cm, 프리어 갤러리(http://ids.si.edu/ids/deliveryService/full/id/
FS-7878_31)

그림 6-4. 미나모토노 시게, 〈석전도〉 '배묘', 1788, 종이에 채색, 높이 41cm, 일본
국회도서관(ぬ二-10. PDF 파일)

찾아보기